成语与植物风景

马 然 / 编著

主　编　安若水
副主编　崔俊虎
编　委　马　然　崔俊虎　海　秋　王水香
插　图　侯孟明德

山西出版传媒集团　山西教育出版社

太原

图书在版编目（CIP）数据

成语与植物风景 ／ 马然编著. -- 太原：山西教育出版社，2024. 8. -- ISBN 978-7-5703-4127-6

Ⅰ．H136.31-49；Q94-49

中国国家版本馆 CIP 数据核字第 2024DD0759 号

成语与植物风景
CHENGYU YU ZHIWU FENGJING

策　　划	王　媛
责任编辑	陈旭伟
复　　审	韩德平
终　　审	彭琼梅
装帧设计	孟庆媛
印装监制	蔡　洁

出版发行	山西出版传媒集团·山西教育出版社
	（太原市水西门街馒头巷7号　电话：0351-4729801　邮编：030002）
印　　装	山西聚德汇印务有限公司
开　　本	890 mm×1 240 mm　1/32
印　　张	6.75
字　　数	112 千字
版　　次	2024 年 8 月第 1 版　2024 年 8 月山西第 1 次印刷
印　　数	1—1 500 册
书　　号	ISBN 978-7-5703-4127-6
定　　价	28.00 元

如发现印装质量问题，影响阅读，请与出版社联系调换。电话：0351-4729718

在成语中解读世界之美

安若水

在我国的历史长河中,形成了许多优秀的传统文化,成语作为中华优秀传统文化的重要组成部分,是中华语言文字宝库中的精华,具有独特的文化意义。

成语能以简洁、固定的形式与和谐的韵律,准确、生动地传达丰富多彩的语言信息,可谓言简而义丰。成语的背后往往有一个故事或者典故,古往今来,被广泛运用于口语和书面语中。其中,一些成语内涵丰富,涉及动植物、自然现象或规律、日常生活、人体科学……细心去找,你就会发现,成语里藏着有趣的科学问题,涉及的领域非常广泛。

在这套书里,你会了解植物的生长规律,明白植物铺满美丽大地的缘由;你会在了解动物知识的同时,看到鲜活的生命状态,知晓人类的由来,理解生命的多样性;你会了解日出日落、风雨雷电等自然现象背后的科学规律;你会从衣、食、住、行等方面,了解更多与日常生活紧密关联的科普知识。

在编写过程中,我们力求做到深入浅出、通俗易懂。每个成语中都有知识延伸、拓展阅读,希望在提升科学素养的同时,进一步增进你对中华优秀传统文化的了解。

愿这套科普阅读书系能讲好科普故事,为更多读者打开科学的大门。

码上加入 成语 趣学乐园

消除挑战
成语消消乐，测测你能过几关？

趣味猜谜
谜语猜猜看，成语玩中学。

历史典故
一个成语，一篇故事，一段岁月。

成语之最
猜猜哪个成语可以表达最大的差异？

目 录

1. 出水芙蓉 ……………… 1
2. 萍水相逢 ……………… 5
3. 孤身只影 ……………… 8
4. 独木不成林 …………… 11
5. 万紫千红 ……………… 14
6. 拔地倚天 ……………… 18
7. 拔葵去织 ……………… 21
8. 拔苗助长 ……………… 25
9. 形单影只 ……………… 29
10. 百年树人 ……………… 32
11. 青出于蓝 ……………… 35
12. 沧海一粟 ……………… 39
13. 春暖花开 ……………… 42
14. 瓜田李下 ……………… 46
15. 桂子飘香 ……………… 50
16. 国色天香 ……………… 53
17. 华而不实 ……………… 57
18. 节外生枝 ……………… 60
19. 金玉其外，败絮其中 … 63
20. 久旱逢甘雨 …………… 67
21. 麻木不仁 ……………… 70
22. 明日黄花 ……………… 73
23. 盘根错节 ……………… 77
24. 胸有成竹 ……………… 80
25. 昙花一现 ……………… 84
26. 铁树开花 ……………… 87

- 27 凤毛麟角 …………… 90
- 28 五谷丰登 …………… 93
- 29 物尽其用 …………… 96
- 30 奇才异能 …………… 100
- 31 一叶知秋 …………… 104
- 32 移花接木 …………… 107
- 33 鹊巢鸠占 …………… 110
- 34 蚕食鲸吞 …………… 114
- 35 指桑骂槐 …………… 118
- 36 投桃报李 …………… 121
- 37 雨后春笋 …………… 125
- 38 万籁俱寂 …………… 129
- 39 寿比南山 …………… 132
- 40 空谷幽兰 …………… 135
- 41 闭月羞花 …………… 138
- 42 豆蔻年华 …………… 142
- 43 顺藤摸瓜 …………… 145

- 44 硕大无朋 …………… 149
- 45 疾风知劲草 …………… 152
- 46 轻于鸿毛 …………… 155
- 47 兔丝燕麦 …………… 158
- 48 数米而炊 …………… 162
- 49 唇齿相依 …………… 165
- 50 奇花异草 …………… 168
- 51 断梗飘蓬 …………… 171
- 52 茕茕孑立 …………… 174
- 53 暗香疏影 …………… 178
- 54 望梅止渴 …………… 182
- 55 似是而非 …………… 185
- 56 明哲保身 …………… 189
- 57 沧海桑田 …………… 193
- 58 开疆拓土 …………… 196
- 59 舞态生风 …………… 200
- 60 大树底下好乘凉 …… 204

1 出水芙蓉

【释义】 芙蓉：荷花。刚在水面开放的荷花。原比喻诗句清新不俗。后常用来形容女子美丽清秀。

【出处】 三国魏·曹植《洛神赋》："迫而察之，灼若芙蕖出绿波。"

【近义】 花容月貌、如花似玉、倾国倾城

【反义】 其貌不扬

科普知识

水生植物生长在水中或者湿地上，它们练就了一套适应水中生存的本领。大多数的水生植物都需要充足的日照、适宜的土壤和基肥。在中国传统园林造景中，水生植物不可或缺。用水生植物构景，不仅观赏性极佳，还可净化水质、提高水体质量。

水生植物有两大特点：其一为有很多水生植物的叶子柔

软而透明，呈丝状。丝状的叶子表面积更大，增加了自身与水的接触面积。这使其能在相同光照条件下，更高效地进行光合作用，为植物提供营养。其二为水生植物的通气组织非常发达，比如莲藕。莲藕的叶柄和藕中有很多孔眼，孔眼与孔眼相连，成为输送气体的通道网。

因生活方式各有不同，水生植物主要分为五种：

1. 挺水植物

挺水植物是指根部附着在浅水或水边泥土中，茎直立，叶片平展茂密，能"挺"在水面上的植物。挺水植物植株直立、高大、挺拔。夏季我们常见的荷花就属于挺水植物。挺水植物主要分布于湖、沼泽、池塘等地。香蒲也属挺水植物，它的根系和茎都很坚固，能够防止水土流失，叶子里含有大量粗纤维，可以用于编织。

挺水植物不仅能保护土壤免于流失，也因植物形态美观，成为水景美化的重要元素。

2. 浮叶植物

从其名字可知，浮叶植物的叶子是浮在水面上的。由于它的茎细弱不能直立，所以其叶浮在水面上。浮叶植物的花多在近水面，根和地下茎生长在水底泥中，叶柄多呈细长状。

我们常见的睡莲，就是浮叶植物的一种。浮叶植物的叶子多呈圆形或近圆形、卵圆形，也有一些品种的浮叶植物的叶子呈披针形或箭形。

3. 沉水植物

沉水植物的整个植株沉入水中，根茎生于泥中。沉水植物的叶片呈狭长状或丝状，花小、花期短，以观叶为主。沉水植物具有发达的通气组织，这种通气组织可以进行气体交换，帮助它们吸收水中的营养成分。常见的沉水植物有马来眼子菜、黑藻等。

4. 漂浮植物

漂浮植物靠悬垂水中的方式吸收养分。浮萍是常见的漂浮植物，它的叶子多呈圆形、倒卵形，其叶正面为绿色，背面呈浅黄色、绿白色或紫色。

5. 湿生植物

湿生植物多分布于草甸、河湖岸边和沼泽中，耐水耐湿能力强。美人蕉为常见的湿生植物之一，可长到1.5米高，叶片多呈卵状长圆形。

湿生植物分为阳性湿生植物（喜强光、土壤潮湿）和阴性湿生植物（喜弱光、大气潮湿）。水稻是典型的阳性湿生植物。阴性湿生植物多为附生蕨类植物，多以环绕的方式附生于树上，可用于园艺栽培。

2 萍水相逢

【释义】萍:浮萍。像浮萍随水漂泊,偶尔碰在一起。比喻素不相识的人偶然相遇。

【出处】唐·王勃《滕王阁序》:"萍水相逢,尽是他乡之客。"

【近义】陌路相逢、不期而遇

【反义】刎颈之交、莫逆之交

科普知识

浮萍是一种常见的水生植物,属于漂浮植物的一种,多见于水田、池沼或其他静水水域。浮萍也叫作青萍、田萍、浮萍草、水浮萍、水萍草等。浮萍的叶片多呈近圆形、倒卵形或椭圆形,它们通常会聚集在一起,远远望去好像水面上的一片浮动的绿色草地。

紫萍也同浮萍一样,悬浮在水中或漂浮在水面,它的叶子很柔软。

浮萍、紫萍再加上芜萍，统称为三星萍。三星萍通常采用混合种植的方式进行管理。犹其是在草鱼养殖时，混合种植的管理方式更加科学。

每年4月至5月间，芜萍开始布满整个塘面，每日早晚可捞取适量芜萍供草鱼苗食用。待草鱼苗长大后，食量增大，芜萍的产量难以满足草鱼苗食用需求时，就要在池塘中加入浮萍种子了。

6月中旬至7月下旬，草鱼苗长到寸苗时，其吃食进一步增多，芜萍的繁殖却减慢，此时需要在池塘中加上适量的紫萍来满足草鱼苗的需求。

个体大的紫萍可以给细小的芜萍、浮萍遮阳，夏天池塘温度较高时，芜萍、浮萍与紫萍不能过量捞取。

三星萍的混合种植模式大体就是这样。

再说回到浮萍。浮萍的生长速度很快，一天可以长几厘米。它可以吸收水中的一些有害物质，同时还可以为水生生物提供庇护和食物。

浮萍分布广，喜欢温和的气候和潮湿的环境。浮萍的根是条须根，看上去好像水母的触手。浮萍有果实，其果实形状近似陀螺，没有翅。

浮萍可作猪饲料或鸭饲料，它还可以入药，有发汗、利水、消肿毒等作用。浮萍可以制成药物，在传统医学中，浮萍常被用于治疗肿瘤、内分泌失调等病症。

虽然浮萍可以食用，但需要注意的是，浮萍容易吸收水中的污染物，吃食时，要选择生长在清澈的水源中的浮萍。

总的来说，浮萍是水生态系统的重要组成部分。我们要科学利用浮萍这样的水生植物，使我们的水生态环境不断向好的、适合我们生存的方向发展。

我们应重视水生植物的保护和生态环境的维护，建立水生植物保护区、积极实施水污染治理等措施，只有这样才能最大限度地保护水生植物的生长环境，维持生态系统的平衡。

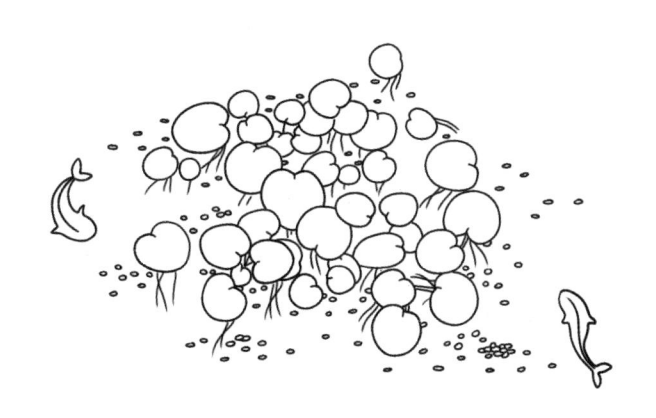

3 孤身只影

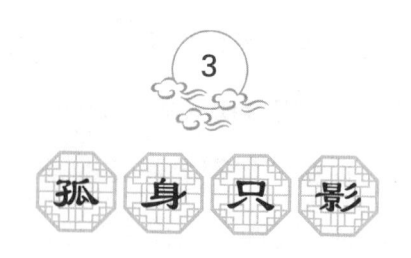

【释义】孤、只：单独。孤零零一个人。形容孤单一人。

【出处】元·关汉卿《窦娥冤》："可怜我孤身只影无亲眷。"

【近义】形影相吊

【反义】双宿双飞

科普知识

我们常见的植物大都是多叶多花的，但有一种草，叫作独叶草。独叶草终生只长一片叶子，只开一朵花，有"独花独叶一根草"之说。

独叶草是一种常见的草本植物，主要生长在海拔3000—4000米的高山原始森林中，喜欢潮湿、寒冷、土壤偏酸性的生存环境。它的叶片多心状圆形，叶脉呈二叉分枝状，花色是淡绿色。

独叶草属毛茛科，在毛茛科的2000多种植物中，只有独叶草的叶脉是典型的原始的脉序。独叶草以无性繁殖为主，是环境依赖型植物。它的种子大多不能成熟，主要靠根状茎繁殖，更新能力差。

独叶草是我国特有孑遗植物，在约6700万年前，分布于我国四川、甘肃、云南及陕西等省。此处是喜马拉雅造山运动以前的古老植物区系分布区。

独叶草种群生长发育受环境影响很大，如光照、气温、空气湿度、土壤pH、土壤水分、群落盖度、腐殖质厚度等发生改变，都会影响独叶草的生长发育。再加上森林植被遭到破坏，这些因素使得独叶草的植株数量逐渐减少，分布地区逐渐缩小，濒临灭绝。1999年，独叶草被列为国家一级濒危珍稀保护植物，被认为是优异生态环境的"天然指示器"。

在药用价值方面，独叶草味苦、辛，性平，有清热解毒、消肿止痛的功效，可用于治疗多种疾病，如肝炎、痈肿、黄疸等。

在自然生态方面，独叶草的根系可以有效抑制水土流失。同时，其根系也可以为土壤提供氮素和其他营养物质，促进植被的生长和再生。

所以独叶草的最大价值并不是药用价值，而是科学研究价值。我们在野外遇上独叶草时，要注意保护，为科学实验提供素材。

独 木 不 成 林

【释义】木:树。一棵树成不了森林。比喻个人力量是单薄的,无法支撑全局或办成大事。

【出处】《后汉书·崔骃传》:"盖高树靡阴,独木不林,随时之宜,道贵从凡。"

【近义】单丝不线、孤掌难鸣、独木难支

【反义】众志成城、众擎易举

科普知识

我们常说"独树不成林",但是有一种树其树冠面积竟能超过1公顷,远远望去,郁郁葱葱,蔚然成林。它告诉我们独木可成林,它就是榕树。

榕树主要分布在热带和亚热带地区,以枝叶繁茂、树冠巨大、树形奇特而著称。在中国,榕树主要分布在浙江、江西南部及其以南地区。

在孟加拉国的热带雨林中,有一株大榕树,从它树枝上向下生长的垂挂"气根"有4000多条，落地入土后成为"支柱根"。支柱根和枝干交织在一起，柱根相连，柱枝相托，枝叶扩展，遮天蔽日，生动诠释了"独木可以成林"这一概念。据说这棵榕树巨大树冠的投影面积，可以容纳几千人在树下躲避日晒。这般奇景如亲眼所见一定会深深地震撼我们。

无独有偶，在广东新会区环城乡的天马河边，也有一株古榕树。这棵古榕树的树冠覆盖面积约1公顷，这样的空间，足以让数百人在树下乘凉。

云南省打洛镇的景区内，也有一棵古榕树，树龄有900多年。近年来，它又长出一条气生根，到现在为止，共有32条根立于地面。

在我国台湾、福建、广东和浙江都有榕树生长，这些大大小小的榕树成了一座座天然的凉亭，供人休息、乘凉和躲避风雨。

榕树的用途有许多，它富含丰富的维生素、矿物质以及帮助人体消化的纤维素和苦味素。榕树的根、树皮、树叶和树浆等可入药使用。

榕树的主要品种有黄金榕、花叶榕、垂叶榕等，其中一些种类已成为重要的园林观赏树种。榕树的花期在5—6月，果熟期在9—10月。榕树的果子很小，约为0.8厘米，果熟时，颜色为红色。这些红色的小果子，鸟儿特别喜欢吃。

在古代，榕树曾被认为是神树。很多地方都有古老的榕树，它们背后总会有一些神话故事或传说，因此这些榕树也被视为当地文化和历史的象征。在一些古建筑或文化景点，每当出现古老榕树的身影时，都会被当作一个景观点，深受游客欢迎。

榕树是一种非常特别的植物，拥有重要的历史、文化、生态和生物研究价值。

5 万紫千红

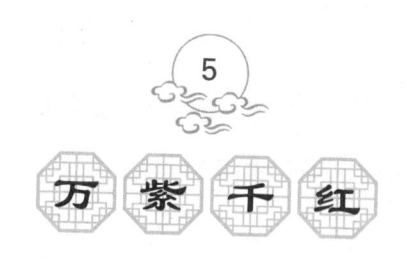

【释义】 形容百花齐放,色彩艳丽,或景象繁荣兴旺。也比喻事物丰富多彩。

【出处】 宋·朱熹《春日》诗:"等闲识得东风面,万紫千红总是春。"

【近义】 花团锦簇、百花争艳、姹紫嫣红、五彩缤纷

【反义】 惨绿愁红、落花流水、千篇一律

科普知识

鲜花是我们熟悉的植物,在我们的日常生活中,少不了五颜六色的鲜花。粉色的桃花、红色的牡丹、黄色的菊花,它们把大自然打扮得色彩缤纷。

花的颜色可以简单地分为纯色和复色。

纯色花是指单纯一种颜色的花,如红、粉、黄、蓝、白、橙、紫等颜色的花;复色花是指由两种以上颜色组成的花,

它们有粉红、紫红、橙黄、橙红、豆绿、淡绿、水绿、金黄、柠檬黄、翡翠色、曙色、粉黄等几十种。

自然界中，颜色最多的花是白色，其次是黄、红、蓝、紫、绿、橙和茶色的花，最稀少的是黑色花。

为什么花会有这么多颜色呢？花的颜色是由什么来决定的？

花的颜色是由花瓣细胞中的色素决定的，色素是一种化合物，它们通过反射和吸收不同波长的光来产生色彩。植物中最常见的色素是类胡萝卜素（如β-胡萝卜素）、类黄酮素和花青素。

类胡萝卜素包括红色、橙色及黄色色素在内的许多色素；类黄酮素是使花瓣呈浅黄色至深黄色的色素；花朵呈橙色、粉红、红色、紫色、蓝色则都是花青素的作用。

花青素对花朵的颜色有重要影响。当花朵的细胞液是酸性的时候，花朵呈现出红色；当花朵的细胞液是碱性的时候，花朵则呈现蓝色；当花朵的细胞液碱性较强时，则会呈现蓝黑色，如墨菊、黑牡丹等；而当花朵的细胞液是中性的时候，花朵会呈现为紫色。

白色花朵里面含有什么色素呢？实际上白花当中的细胞液是不含任何色素的，所以它才显示为白色。

自然界中，黑色的花非常稀少，有一种蔷薇花的花瓣呈黑色，却提取不出黑色素，原因是花青素和花青苷的红色、蓝色及紫色混在一起，使颜色变深，形成近似黑色的色泽。

有些植物开黄色的花，那是因为花瓣细胞中含有大量的叶黄素。

为什么有些植物的花朵会变色呢？这是因为温度在升高的同时，花朵当中一部分液泡色素的酸碱度会发生变化，故其颜色也会改变。

花朵在授粉的时候，因天气和温度的变化，也会影响花朵的颜色。气温较低的花园里多明亮鲜艳的花朵，而夏季温暖的花园中则比较常见颜色更偏深、偏暗的花朵。

除了色素，花的颜色也受其表皮细胞结构影响。如花朵表皮是透明的，则其花色会显得更浅淡；也有一些花朵的表皮上长有绒毛或柄毛，其表面吸附的灰尘或者微小的气泡会使花朵颜色显得更深。

不同的花色也与环境因素有关，如土壤中的矿物元素、气候和光照强度等也会影响花朵颜色。同一种植物在不同的环境下可能会产生不同颜色的花朵。

干旱、疾病等也会影响花的颜色。

6 拔地倚天

【释义】 拔：突出，高出；倚：靠着。突出地面，倚傍着天空。比喻气势雄健有力。

【出处】 清·袁枚《随园诗话补遗》："曾游泰山，见奇峰怪愕，拔地倚天；然山涧中杜鹃红艳，春兰幽香，未尝无倡条治叶，动人春思。"

【近义】 气壮山河、气势磅礴、气贯长虹

科普知识

我们常用参天大树来形容树木的高大，可是目前已知最高的树木有多高？树木的高矮又是由什么决定的呢？

世界上有许多高大的树木，超过百米的也有许多。树木的高矮主要是由其基因决定的，当然和树林的生长环境也有关系。

世界上什么植物长得最高？被称为"擎天树"的巨杉，高出整个热带雨林顶部20多米，看上去顶天立地，但它并不

是最高大的植物。有人曾在加拿大西海岸的林恩谷中测量过一棵道格拉斯黄杉，高达126.49米，但它也不是最高大的植物。

目前人们普遍认为世界上最高的植物是杏仁桉，历史上发现的最高的一棵杏仁桉高达156米，大约相当于50层楼房的高度，被称为"树中巨人"。

杏仁桉属桃金娘科植物，它主要分布于海拔750米左右的丘陵或山坡上。杏仁桉喜光，适宜生长在各种排水良好、肥力中等偏下的中性土壤中。

看上去高大的杏仁桉的种子很小，直径只有1—2毫米。杏仁桉生长极快，播种后五六年时间便能长到十多米高。杏仁桉的树基很粗，目前已发现最大的杏仁桉树径将近10米。

杏仁桉的树干笔直向上，没有什么枝杈，直到顶端才长出枝叶来。它的叶片细长弯曲，与阳光投射的方向平行，所以"大树下好乘凉"，在杏仁桉这里并不适用。

抽水是杏仁桉的主要用途之一。杏仁桉有庞大的地下根系，一棵成年杏仁桉一天可蒸发掉17.5万升的水分，活像一台抽水机。人们常将杏仁桉栽种在沼泽里，利用它的抽水功能把沼泽地的水抽干。

杏仁桉的经济价值也很高，其树干是制造车、船及电杆的好材料。杏仁桉的叶可提炼出有特殊香味的桉叶油,桉叶油是桉叶糖的主要原料之一,有清凉止咳的奇效。此外,杏仁桉还能提炼出鞣料、树脂等有价值的工业原料。

杏仁桉还被广泛用于食品添加剂、制药工业及化妆品等领域。

7 拔葵去织

【释义】 葵：冬葵，我国古代的一种蔬菜；去：放弃，丢掉。拔掉种植的冬葵，禁止妻子织布。指为官者廉洁自奉，不与百姓争利。

【出处】《宋书·谢庄传》："臣愚谓大臣在禄位者，尤不宜与民争利，不审可得在此诏不？拔葵去织，实宜深弘。"

科普知识

葵指的是冬葵，是我国古代重要的蔬菜之一。中国早在汉代以前就已经栽培冬葵，如今在我国湖南、四川、江西、贵州、云南等省仍有种植。

冬葵约1米高，不分枝，叶子为近圆形，基部为心形。冬葵会开很小的白花，花期在6—9月。冬葵的果实为扁球形，种子为肾形。冬葵喜欢凉爽湿润的气候，耐低温、耐轻霜。冬葵适宜在排水良好、疏松肥沃、保水保肥的土壤中生长。

在我国北方，三月上旬土壤开始解冻，此时就可以播种冬葵了。随着之后温度升高，光照加强，冬葵的生长速度也愈快。

冬葵常常出现在餐桌上，它的幼苗和较嫩的叶子可炒食、做汤、做馅。用冬葵做的食物味美、清香且营养丰富。冬葵较老的叶子可以晒干制粉，与面粉一起蒸食。

冬葵的叶子边缘，曲线分明，看上去清丽宜人，可以作为园林观赏植物使用。

冬葵富含维生素C、叶酸、钾和纤维素等营养物质。其中纤维素可以促进肠道蠕动，维生素C可以增强免疫力，蛋白质有助于维持身体的正常生理功能。

和许多植物一样，冬葵还可用于治疗一些病症，如呼吸道疾病、喉部疼痛和消化道问题等。冬葵的果实含有多酚类化合物，具有抗氧化和降血糖的作用。

在储存冬葵时需要注意环境卫生，尤其是在存放过程中要注意避免霉菌感染。

布是我们日常生活中常见的纺织品，可用于制衣服、窗帘、床上用品等。常见的布料有棉布、麻布、丝绸、呢绒、皮革、化纤和混纺等。

各种料子功能不同，棉布以棉纤维为原料，柔软透气、耐洗耐磨、保暖性好、易于加工，常用于制作T恤、裙子、床单等，适合老人和孩子穿。

麻布，以亚麻纤维为原料，具有天然的纹理和光泽，透气性好，同时也是一种优质环保的材料。麻布通常被用来制作休闲装和工作装。

丝绸是以蚕丝为原料纺织而成的各种丝织物的统称，它质地轻盈、光泽柔滑、手感舒适，更容易被女士喜爱，常被用来制作轻薄、合身、柔软、滑爽、透气的服装。

呢绒又叫毛料，以羊毛、兔绒等动物毛发为原料，手感柔软，常用于制作外套、围巾、毛衣等。

秋冬时节皮革市场火爆，我们通常将皮革分为两类：一是革皮，即经过去毛处理的皮革；二是裘皮，即处理过的连皮带毛的皮革。裘皮因价格昂贵，在贮藏、护理等方面要求较高，故普及率较低。

化纤是化学纤维的简称，通常分为人工纤维与合成纤维两大门类。

混纺吸收了棉、麻、丝、毛和化纤各自的优点，又尽可能地避免了它们各自的缺点，再加上相对较低的价格，被大众所喜爱。

我们在选购布匹时,需要考虑到材质、手感、颜色等各方面的因素,还要掌握面料的洗涤和保养方法。

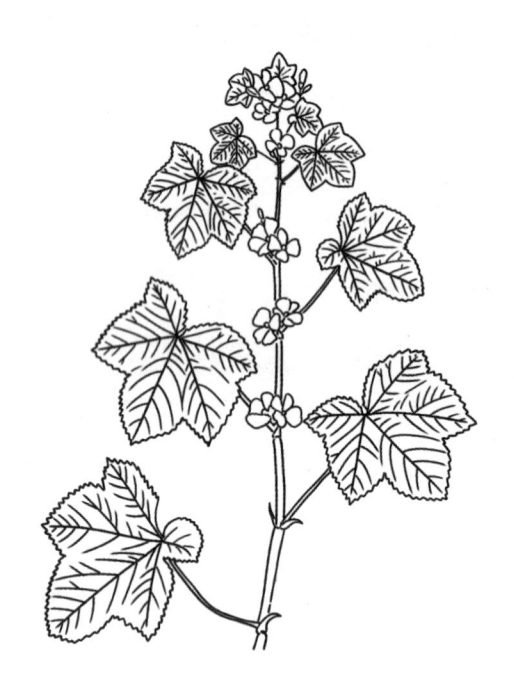

8 拔苗助长

【释义】 把苗拔起来,帮助苗快长。比喻违反事物发展的客观规律,急于求成,只能事与愿违。

【出处】《孟子·公孙丑上》:"宋人有闵其苗之不长而揠之者,芒芒然归,谓其人曰:'今日病矣!予助苗长矣。'"

【近义】 欲速不达、急于求成、操之过急

【反义】 因势利导、瓜熟蒂落、循序渐进

科普知识

在人们的传统认知中,几乎所有植物的生长都离不开泥土,那是因为泥土里有植物生长所必需的水分和其他营养物质。这些营养成分,被植物的根吸收并传递到植物的全身。植物的根起的是吸收作用,像是植物的"嘴"。

种子播种下来,最先长出来的是根,当根的生长达一定程度时,下胚轴和胚芽才出土,形成地上枝系。

在植物的整个生长期中，其健全的根系，是保证水分、无机盐、氨基酸、生长激素等充分供应和地上枝系得以良好生长发育的必备条件。反之，如果植物根系不健全，其地上枝叶也难以繁荣。所以想要植物长得好、长得快，自然也不能拔苗，拔苗会损伤植物的根，导致植物死亡。

同时，植物的根会和坚实的泥土牢牢绑在一起，就好像楼层的地基一样，为植物地上枝系正常生长打下良好的基础，使植物不会轻易被风雨刮倒。

植物根的作用有以下几点：吸收水分和养分，供植物生长发育；固定植物体，为植物提供支撑，保持植物的稳定；储存养分，一些植物的根部具有储存养分的能力，在植物生长的过程中为其提供营养物质；排放代谢废物，植物根部可以将植物体内的代谢废物排放到土壤中，从而保持植物的健康生长；与微生物互动，植物的根系会与土壤中的微生物建立互动关系，能够吸收微生物产生的有益物质，并与其共生。

综上所述可以看出，植物的根是植物生长的重要组成部分。

我们说了多数植物长在土里，那么植物能离开泥土生长吗？这就不得不提到"无土栽培"这一技术。

无土栽培法，又称水培、液体培养、溶液培养等，是一种不需要土壤的植物种植方法。无土栽培是利用营养液中的化学元素，直接供应植物生长所必需的养分，在培养池、培养瓶等器具中进行植株生长管理的方法。

无土栽培成功的前提，是要保证能正常供给植物矿物营养。

无土栽培所用的培养液可以重复使用，每隔一段时间要对培养液的 pH 进行调节，并补充培养液中浓度降低较多的元素。

只要有淡水的地方，就可以进行无土栽培。在海滩、荒岛，甚至在沙漠都可以进行无土栽培。

无土栽培有很多优点，比如节约用水。举个例子，在北京地区秋季进行的大棚黄瓜无土栽培试验中，46 天中共浇水（营养液）21.7 立方米，相比传统的土培种植方式用水量更少。

无土栽培相比传统的种植方式，更加清洁卫生。无土栽培施用的是无机肥料，没有臭味，也不需要堆肥场地，方便工人清洁。再有，一些植物采用了无土栽培的形式，产量反倒高于土壤栽培。如小麦、水稻、马铃薯、番茄、黄瓜等作物。

当然，无土栽培也有一些缺点，比如：一次性投资较大，需要增添设备；遇上营养源受到污染时，容易蔓延；营养液配制需要专业技术知识，入门门槛高；等等。

无土栽培的应用范围越来越广泛，通常被应用于高效农业、城市农业等场合。

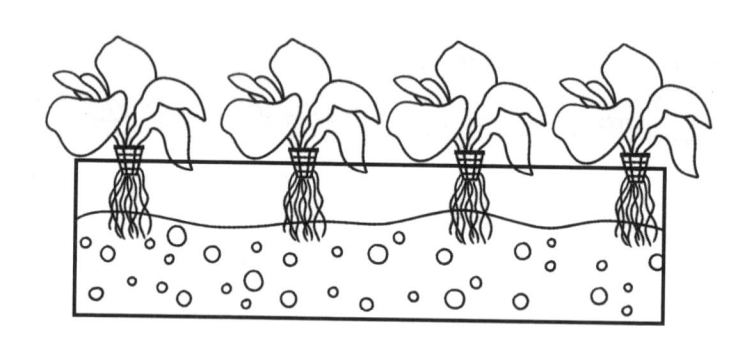

形单影只

【释义】 形：身体；只：单独。孤零零一个身体，一个影子。形容孤独，没有伴侣。

【出处】 唐·韩愈《祭十二郎文》："承先人后者，在孙惟妆，在子惟吾；两世一身，形单影只。"

【近义】 孤苦伶仃、形影相吊

【反义】 成群结队、成双成对

科普知识

光棍树其实还有个好听的名字，叫绿玉树。它原产于非洲东部的安哥拉，是一种热带的灌木或小乔木，2—9米高，枝干是绿色的圆柱形，枝条有铅笔粗细。光棍树的叶子细小，长约1厘米，宽约0.2厘米，有的已退化成了不明显的鳞片状。光棍树的花呈黄白色，在苞片中间并不明显。光棍树的果实是蒴果，颜色呈暗黑色，种子呈卵形。

光棍树和许多植物一样，可作观赏树种，它在我国南方和北方都有栽培，南方多见于道旁，北方多见于室内。

看到"光棍树"这个名字，不难想象出这种植物的样貌。光棍树的整个树身不见一片叶子，满树尽是光溜溜的枝条，呈绿色。刮破它的枝条或树皮，还会渗出白色的液体。这些液体有剧毒，观赏或栽培时需要特别小心。

不过，这种有毒的液体也有用处，它能抵抗病毒和害虫的侵袭，从而达到保护树体的作用。

有人要问，为什么光棍树仅有绿色的枝条而没有叶片呢？

这还得从它生长的环境来讲，光棍树的故乡是非洲的沙漠地区，此地长年赤日炎炎，雨量极少。光棍树为减少水分蒸发，叶片慢慢退化并逐渐消失。与此同时，其枝干则变成了绿色，用以代替叶子进行光合作用。

如果把光棍树种植在温暖湿润的地方，它很容易繁殖生长，还可能会长出一些小叶片。这些小叶片可以增加水分的蒸发量，从而蒸腾掉树体内过多的水分。

光棍树有许多用途，比如优化生态环境。光棍树具有耐旱、耐盐、耐风及在贫瘠的土壤也可生长的特点，把它种植在少雨地区，可以起到绿化造林、保护土壤的作用。人们常将其作为海边防风林树种或城市景观树进行种植。

光棍树还有重要的经济属性。光棍树的树汁中含有丰富的碳氢化合物,与石油的成分相似,可以与其他物质混合,作为石油的替代品。光棍树很有可能是人类未来的重要能源来源之一。

光棍树在医药学方面具有很高的价值,其树汁可作催吐剂或泻剂,对金黄色葡萄球菌具有抗生作用,可用于治疗便秘、淋病、百日咳、哮喘、水肿、麻风、黄疸病、膀胱结石等,也具有一定的抗癌作用。

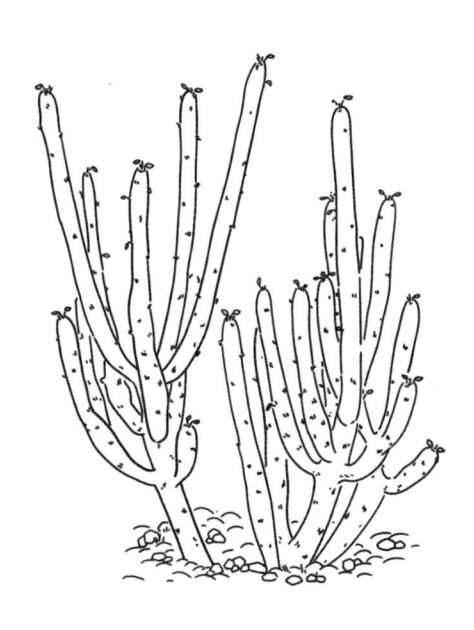

10 百年树人

【释义】 树：种植，栽培。形容培养人才不容易，需要很长时间。

【出处】《管子·权修》:"一年之计，莫如树谷；十年之计，莫如树木；终身之计，莫如树人。"

科普知识

植物开花结果，首先得有种子，可你知道种子最多可存活多少年吗？

1952年，我国科学工作者在辽宁省新金县西泡子的洼地里，在深度1—2米的泥炭层中，发现了植物种子。这些种子变得很硬，像一个个小铁弹，它们就是古莲子。

古莲子是目前科学家发现最长寿的植物种子，经研究，这些古莲子的寿命在830—1250岁之间，也就是千年左右。

这些古老的种子还能开花吗？

为此，科学家们开展了一系列实验。在发现古莲子的第二年，他们把古莲子浸泡于水中，20个月过去了，仍然没有发出芽来。后来，科学家们决定在古莲子的外壳上钻了一个小洞，又将古莲子的两头磨短1—2毫米，这时奇迹出现了，约有96%的千年古莲子抽出了嫩绿的芽儿。

古莲子为什么能在千年后再次发芽呢？科学家经过研究给出了答案：因为古莲子一直被埋在泥炭层中，地下的温度较低且变化较小，这给了古莲子适宜的存放环境。另一方面，由于古莲子的外面有一层硬壳，外表皮有坚硬的由栅栏状细胞构成的组织，细胞壁由纤维素组成，它们可以防止水分和空气的内渗和外泄。而且莲子里还有一个小气室，里面大约存贮着0.2立方毫米的空气，虽然很少，但对维持生命却是很必要的。

被发现的古莲子水分含量只有12%，在干燥、低温和密闭的环境条件下，古莲子已经习惯了长期的休眠生活，所以历经千年，仍然没有失去生命力。

古莲子能够长期保存的秘密可以为我们所用。我们模拟古莲子外壳的结构来设计粮仓，这样就可以延长粮食的存放时间。

古莲子的发现，还在继续。1975年在大连市新金县东泡子公社附近的泥炭层中，也采集到古莲子。大连市植物园在5

月初将部分古莲子播种,到了 8 月中下旬开出了花。古莲开花,一时成为奇谈。大连自然博物馆还先后把古莲子赠送给中国科学院和日本北九州自然史博物馆,经过播种、培育,也都发芽、长叶、开花并结出莲子。

11 青出于蓝

【释义】 青：靛青，青色颜料；蓝：蓼蓝，一种可以提炼颜料的草。靛青是从蓼蓝里提炼出来的，但是颜色比蓼蓝更深。比喻人经过学习或教育之后可以得到提高。常用"青出于蓝"或"青出于蓝而胜于蓝"比喻学生超过老师，后人超过前人。

【出处】《荀子·劝学》："青，取之于蓝而青于蓝；冰，水为之而寒于水。"

【近义】 后来居上、后生可畏

【反义】 一蟹不如一蟹

科普知识

蓼蓝，一年生草本植物，高50—80厘米，叶子呈卵形或宽椭圆形，花是淡红色，主要用作染色，是自然界中含靛蓝较多的一种植物。

民间有"榆荚落时可种蓝"的说法。六、七月间蓼蓝成熟，叶子变青，即可采集，采后随发新叶。

蓼蓝主要分布于中国、日本、印度等地，在欧洲也有分布。蓼蓝对土壤要求不高，喜排水良好、富含腐殖质的黏壤土或砂壤土。

在商周之前，人们广泛利用植物的新鲜汁液直接浸渍织物，为织物染色。春秋战国时，人们开始采用发酵法制取靛蓝。从青中提取蓝，是我国古代劳动人民的一大发明。

贾思勰编著的《齐民要术》中记载：将蓼科植物蓼蓝或十字花科植物菘蓝的鲜叶浸入水中，将叶片泡烂并发酵，然后将残叶捞出过滤并将滤液放在大缸中，然后每十石滤液中加入一斗五升石灰，急速搅拌，使之充分混合。渐渐地，溶液中的靛蓝素便和空气中的氧气反应，产生碳酸盐沉淀。经过一段时间，待碳酸盐充分沉淀后，将上层清液倒出，剩下的部分待水分蒸发如"粥"样，即是靛蓝。

我国少数民族，如苗族、侗族、瑶族、布依族等，大量使用蓼蓝扎染或蜡染民族工艺品。

菘蓝是二年生草本植物，别名茶蓝、板蓝根、大青叶，高度40—90厘米，也是古代染料的重要原材料，它和蓼蓝都是古代制造靛蓝的主要原料之一。

菘蓝的茎有许多分枝，植株光滑无毛，种子是长圆形，呈淡褐色；菘蓝的根大家都熟悉，就是我们熟知的板蓝根，可供药用，有清热解毒、凉血消斑、利咽止痛的功效。它的叶子可提取蓝色染料；种子可以榨油，供工业用。

菘蓝是深根植物，适合种植在土壤深厚、疏松且肥沃的砂壤土中。如果将其种在低洼潮湿的土壤中，容易乱根。所以在雨季时要注意种植菘蓝的土壤的排水问题。

菘蓝中含有大青素B，它实际上并非真正意义上的甙，而是吲哚酚与果糖酮酸所形成的酯。吲哚酚配糖体在碱性发酵液中会被糖化酶或碱剂分解，游离出吲哚酚，进而在空气中氧化缩合为蓝色的沉淀——蓝淀（靛蓝）。

由于菘蓝甙比蓼蓝中存在的靛甙更容易水解，所以在科学技术不够发达的时期，菘蓝制靛比蓼蓝等其他蓝草更为普及。

到了近代，西南少数民族地区才开始广泛使用蓼蓝来制造靛蓝。

鸦片战争后，西洋的合成染料"阴丹士林"传入中国。阴丹士林是化学家对染料植物靛蓝的化学成分进行了深入研究，在搞清它的化学结构后，用人工方法合成的染料。

合成的染料色彩鲜明，成本低廉，可以大规模生产，更符合经济发展的需要。于是植物性靛蓝被慢慢地挤出了历史舞台。

12 沧海一粟

【释义】 粟：谷子。大海中的一粒谷子。比喻非常渺小的东西。

【出处】 宋·苏东坡《前赤壁赋》："寄蜉蝣于天地，渺沧海之一粟。"

【近义】 太仓一粟、九牛一毛

【反义】 硕大无朋

科普知识

谷子是人类最古老的粮食作物之一。据考古学证明，早在我国新石器时期就已经开始人工栽种谷子。

谷子属禾本科一年生植物，主要分为黍、粟等几类。谷穗成熟后呈金黄色，谷粒粒小，多为黄色。谷粒去皮后就是我们常见的小米或黄米等。

黍的分布范围很广泛，在地球上除南极洲外的所有大陆都可以栽培。黍可以作为主食，也可以用来制作甜点或酿酒。

在中国传统文化中,黍有着重要的地位,常常用作祭祀和节庆食品。

种植黍也有一定的技术要求。与其他粮食作物相比,黍的生长需要更高的温度和更长的日照时间,因此要在气温较高的季节对其进行种植。此外,在耕作过程中还需要采取合理的措施,如耕种、施肥、除草、防虫等。

粟在中国有悠久的栽培历史,比较优良的品种有黄沙子、金钱子、大白谷。中国将粟划分为东北平原、华北平原、黄土高原和内蒙古高原4个生态型。我国所种植的粟有穗粒大、分蘖性弱等特点,表明其栽培进化的程度较高。

粟的种植最好选择土质疏松、地势平坦、黑土层较厚、排水良好、土壤有机质含量高的地方,并进行合理轮作。

谷穗成熟后呈金黄色,粟的稃壳有白、红、黄、黑、橙、紫各种颜色,俗称"粟有五彩"。成熟后的谷穗,每穗结实数百至上千粒。粟收获的最佳时节是蜡熟末期或完熟初期,收早了会降低产量,收晚了也会有损失,如被鸟雀所食,或谷粒被风刮落。

谷粒的营养价值很高,含有丰富的蛋白质、脂肪和维生素,不仅可供食用,入药亦有清热、滋阴、补脾肾和肠胃、利小便、治水泻等功效。谷子还能酿酒,其茎叶又是牲畜的优等饲料。

民间曾把小米的营养价值过分夸大了。其实小米的蛋白质营养价值并不比大米更好，因为小米蛋白质的氨基酸组成并不理想，赖氨酸过低而亮氨酸又过高，我们在平时的生活中不能完全以小米为主食，应注意搭配，以免缺乏其他营养。

黍和粟自我国农业产生起，就成为中华民族首选的栽培作物。自新石器时代晚期粟取代黍的地位后，在古代一直是北方地区的重要食粮。

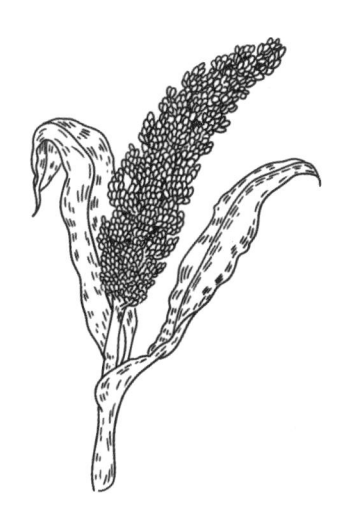

13 春暖花开

【释义】 春日暖和,百花盛开。形容春天的景色非常美好。

【出处】 清·李绿园《歧路灯》:"春暖花开,我好引着孩子们园里做活。"

【近义】 春色满园、满园春色、春意盎然、春光明媚

【反义】 春寒料峭、天寒地冻、冰天雪地

科普知识

植物开花一直是自然界中的一个谜题,它与植物的生命循环密切相关。在植物的生长过程中,开花是一个非常重要的环节,因为只有完成了开花这一过程,植物才能完成自身的繁衍和生殖。

我们知道植物会在特定的时节开花,但你知道植物的开花受什么因素影响吗?

有个植物学家设计了一个实验,他把一株植物的一部分

枝条放在暗箱里，把其余的枝条放在阳光下。通过一段时间的观察发现，放在阳光下的枝条，经过光合作用，叶片里的糖逐渐积累，从而使这株植物不管在暗箱中还是在阳光下的枝条上都开了花。这位植物学家还对相同条件下的另一株果树超量施加氮肥，结果果树反而不开花了。这说明只有细胞内糖的积累比氮多时，花朵才会开放。因此糖氮比学说得到了许多人的赞同。

紧接着，植物学家又有了新发现。有一种叫马里兰巨象烟草的植物，我们只能看到它生长，却很少看到它开花。于是植物学家把它移栽到花盆里，放进温室并开始研究。之后神奇的事发生了，进入温室后，虽然是冬季，但它居然开花了。

为了研究它开花的原因，植物学家做了两个实验：他们先在烟草田里搭了一间小木屋，在阳光充足的七月里，每天下午四点把盆栽的马里兰巨象烟草搬到屋子里，第二天上午九点再把它搬到屋子外面。如此反复，终于，它开花了。

另外一个实验是，植物学家把同样的烟草放在温室里，每天延长光照时间，结果时间过去了很久，烟草仍旧没有开花。这足以说明，温度与光照因素对植物开花起着重要的作用。

现在有人要问，除了温度与光照外，是否还有其他因素影响和控制着植物开花呢？

1959年，有人发现植物中有一种光敏素，它能使叶子产生激素，促使植物开花。20世纪70年代，植物学家又提出了植物开花与体内细胞液浓度有关的观点。

我们知道，在一般情况下，一棵苹果树要经过4—5年才能开花，可是植物学家却能使一年生的小苹果苗挂满鲜花。具体的方法是在夏秋两季，给它施上比平时多三倍的矿质肥料，树苗上的芽就能摇身一变成为花芽了。这表明细胞液的浓度越高，花朵就会开得越早。

一个理论的出现，常常会引起人们更多的思索。有人认为花朵形成是由于植物生长素在幕后操纵，如果把树上幼果能长种子的果心部分切掉后，并把幼果留在树上，那么在同一短枝上又会长出新的花芽。如果在这个动过手术的果子里放一块浸有生长素的棉花，那么在同一短枝上就不会有花芽产生了。这些人认为果实种子中产生的生长素会阻止花芽的形成。

当然还会有其他理论，这些理论有待去验证。

由此可见，植物花朵的形成是一个非常复杂的生理现象，它是由多种方面的因素决定的。即使是对单一的温度条件来说，开花植物又有高温类、中温类和低温类的区分。从植物对光照的要求而言，又分为长日照类、短日照类和中日照类的区分。随着科学技术的不断进步，我们对植物开花的了解也会越来越深入，这将有助于我们更好地了解植物的生命循环和进化历程。

14 瓜田李下

【释义】 经过瓜田时不要弯腰提鞋,走过李子树下不要举手整理帽子,以免有偷瓜偷李子的嫌疑。比喻容易引起嫌疑的场合。

【出处】《乐府诗集·君子行》:"君子防未然,不处嫌疑间,瓜田不纳履,李下不整冠。"

【近义】 瓜李之嫌

科普知识

西瓜是我们夏天常见的水果,是所有水果中果汁含量最丰富的。西瓜又名寒瓜,其果肉清爽解渴,号称"瓜果之王"。

西瓜的外表为绿色,表面多覆盖有黑色条纹,内部是红色的果肉和黑色的种子。西瓜主要分为四类:普通西瓜、瓜子西瓜、小西瓜和无籽西瓜。

我们重点说一下无籽西瓜。

科学家们发现一些瓜果如果在发育过程中发生了某些变异后，就会结出个别无籽的果实。对这些瓜果进行研究后发现它们有一个共同的特点，即它们都为三倍体，而正常的果实为二倍体，也就是说这些无籽西瓜的染色体数目与原来不一样了。于是科学家们将这种发现应用到了西瓜的种植上：用秋水仙素浸泡正常的西瓜种子（二倍体西瓜种子），将得到的四倍体的种子（秋水仙素可阻止细胞分裂中纺锤丝的形成，从而使染色体加倍）作为母本，再用普通西瓜做父本进行杂交，便可得到三倍体的无籽西瓜。

西瓜属葫芦科，是一年生草本植物。在我国南方以海南岛为西瓜的主要产区，海南岛一年四季均盛产西瓜；北方以山东为西瓜的主要产区，其昌乐县尧沟镇西瓜有"中国西瓜第一镇"的美誉。

吃西瓜或喝西瓜汁可以为身体补充水分，滋润肌肤，还能帮助消除暑热，促进体内代谢。对于想通过节食减肥的人，在饭前吃点西瓜不失为一种减少食物摄入的好方法。

那么如何选购和保存西瓜呢？选购西瓜时要选择表面完

整，形状饱满、圆润的西瓜。这样的西瓜口感好，果肉较厚。保存西瓜时，可以将其放置于阴凉的地方，避免阳光直晒，也可以放入冰箱中冷藏。需要注意的是，西瓜切开后应尽快食用，以免变质。

西瓜除了好吃外，还有药用价值：西瓜皮有利尿作用；西瓜籽具有清肺润肠、和中止渴的作用；西瓜瓤不仅是防暑降温的最佳果品，而且其中所含的蛋白酶等物质，还有软化血管、降低血压、抗坏血症等功效，可预防肾炎、水肿、食道癌等病症。

当然，好吃的东西也不能乱吃，西瓜属于"生冷食品"，吃多了会伤脾胃，也会引起腹胀、腹泻。

浙江省平湖市有西瓜灯市的活动。西瓜灯就是将西瓜里面掏空，使西瓜保持原形，但仅剩薄薄一层瓜皮，再在瓜皮上雕刻图案而成的"灯笼"。西瓜灯在西瓜原形的基础上，又加上人工雕凿功夫，非常好看。

有人会问，它为什么叫西瓜，而不叫东瓜或南瓜？

一种说法是西瓜在神农尝百草时被发现，原名叫稀瓜，意思是水多肉稀的瓜，但后来传着传着就变成了西瓜。另一种说法是西瓜并非源于中国,是从西域传入的,故名西瓜。

  自然,叫什么无所谓,好吃就行。总之,西瓜是夏季不可缺少的水果之一。

15 桂子飘香

【释义】 桂花散发出浓浓清香。形容秋天的佳景。

【出处】 唐·宋之问《灵隐寺》诗:"桂子月中落,天香云外飘。"

【近义】 秋高气爽

科普知识

小时我们常听吴刚伐桂的神话故事,想必桂花早已深深地烙进我们的记忆中了。长大以后,又听到那句俗语,"八月桂花香",这时我们知道了桂花在八月会挂满枝头,馨香四溢。

桂花是木犀科木犀属常绿乔木或灌木,其园艺品种繁多,最具代表性的有金桂、银桂、丹桂和月桂等。桂花广泛栽种于中国淮河流域及以南地区,其在我国的适生区北至黄河下游,南至两广、海南岛等地区。

桂花是中国传统十大名花之一,仲秋时节,丛桂怒放,夜静月圆之时，把酒赏桂，令人神清气爽，好一幅美景。

汉代至魏晋南北朝时期，桂花成为名贵的花卉与贡品，并成为美好事物的象征。司马相如的《上林赋》中提到，当时桂花引种宫苑初获成功，并具一定规模。有本书叫《南部烟花记》，上面有记载，陈后主为爱妃张丽华造"桂宫"于庭院中，植桂一株。这说明中国在很久之前就已把桂树用于园林栽培了。柳宗元从湖南衡阳移桂花十余株栽植零陵；白居易曾为杭州、苏州刺史，他将杭州天竺寺的桂子带到苏州城中种植。唐宋以后，桂花已被广泛用于庭院中栽培观赏。

因桂树成林而得名的城市桂林，是一个爱桂之城。桂花在桂林已有千余年的栽培史，除了家家门前庭后栽种之外，街路两侧、叠彩山下、榕杉湖滨，到处都是桂花树，整个桂林就像一个巨大的"桂花公园"。还有四川新都桂湖、苏州的园林、杭州的满觉陇等，都是著名的秋日桂花飘香之处。

桂花有很多品种，以花色区分，有金桂、银桂、丹桂等；以叶形区分，有柳叶桂、金扇桂、滴水黄、葵花叶、柴柄黄等；以花期区分，有八月桂、四季桂、月月桂等。

在中国古典园林中，桂花常与建筑物、山、石相配。

桂花的用途非常广泛，它还可制作桂花茶、桂花酒、桂花蜜饯、桂花精油等多种产品，极大地丰富了人们的日常生活。除此之外，桂花对氯气、二氧化硫、氟化氢等有害气体都有一定的抗性，还有较强的吸滞粉尘的能力，所以常被栽种于城市或工矿区。

在民间，有关桂花的艺术品非常丰富，仿制桂花做成的竹编、刺绣、剪纸等民间手工艺品极具地域特色和鲜明的民族文化色彩。

16 国色天香

【释义】 国色：冠绝全国的美色。天香：天然的香气。原指牡丹的花香花色不凡，后多形容女子容貌的美丽。

【出处】 唐·李正封《赏牡丹》诗："天香夜染衣，国色朝酣酒。"

【近义】 国色天姿

科普知识

牡丹是一种常见的花卉植物，属于毛茛科牡丹属，别名木芍药、白术、鹿韭、洛阳花、富贵花、百两金、国色天香、花王等，因其在谷雨时节开花，又有人将其称为谷雨花。

牡丹原产于我国秦岭一带，栽培的历史很久远，最早记载于东汉时期的武威医简，到唐朝时已成为我国名贵的观赏植物。其实，在清末，牡丹就曾经被当作中国的国花。牡丹有着数千年的自然生长和1500多年的人工栽培历史。

在文人墨客的诗句中，牡丹是表达思想感情的常用意象。唐代诗人刘禹锡在《赏牡丹》中写道："庭前芍药妖无格，池上芙蕖净少情。唯有牡丹真国色，花开时节动京城。"李白亦在《清平调·名花倾国两相欢》中写道："名花倾国两相欢，长得君王带笑看，解释春风无限恨，沉香亭北倚阑干。"

在民间传说中，牡丹又被称为"富贵花"，被广泛应用于建筑、绘画、文学等领域。白居易在《买花》中形容牡丹："一丛深色花，十户中人赋。"从这句诗可以看出在当时牡丹价格之昂贵。

唐代时，曾有一株开花1200朵的牡丹，传说它有"双头""重台""千叶""色有正晕、倒晕""香气袭人"等奇观。

鲜花很容易和美女关联在一起，有个关于牡丹的传说，讲的是武则天的故事。

传说武则天在一个冬天里，闲在宫中无聊，便命令百花在严寒的冬天开花，她大笔一挥，写下：明朝游上苑，火速报春知。花须连夜发，莫待晓风吹。

百花得到诏书后，连夜开放。但武则天却发现牡丹没有开，她一时气愤，便把牡丹贬到洛阳去了。

迁到洛阳的牡丹,闻名全国,至今不衰。洛阳有牡丹名品300多种,全市有牡丹60多万株。

除了洛阳外,还有不少地方也盛产牡丹,如山东菏泽,是我国牡丹另一个重要的名品培育中心和生产基地,培育出的牡丹名品有400多种。另外,四川彭州丹景山的牡丹名品也比较多。

牡丹的根皮可以入药,中医称"丹皮",内含芍药甙、牡丹酚原甙、丹皮酚、挥发油等成分,有清热凉血、活血化瘀的功能。主治吐血、衄血、经闭腹痛、瘀血和高血压等症。

牡丹花可供食用。中国不少地方用牡丹鲜花瓣做牡丹羹或将其作为配菜点缀菜肴颜色。牡丹花瓣还可酿酒,制成的牡丹露酒口味香醇。

1929年,当时的中国政府通过法令,宣布牡丹为中国的国花。新中国成立后,一些民间组织曾征集新中国国花的意见,但至今仍未确定。

我国有不少城市以牡丹作为市花,比如洛阳、菏泽、铜陵等。

牡丹不仅是中国人民喜爱的花卉,也受到世界各国人民的喜爱。日本、法国、英国、美国、意大利、澳大利亚、新加坡、朝鲜、荷兰、德国、加拿大等20多个国家均有牡丹栽培，其中以日、法、英、美等国的牡丹园艺品种和栽培数量为最多。目前，世界各地种植的牡丹，也都是从中国引进的。

17 华而不实

【释义】 华：开花；实：结果实。只开花不结果。比喻外表好看，内容空虚。

【出处】《左传·文公五年》："且华而不实，怨之所聚也。"

【近义】 虚有其表、名不副实

【反义】 表里如一、名副其实

科普知识

生根、发芽、开花、结果几乎是所有植物都要经历的生长过程，但是有一种植物叫作"无花果"。看到它的名字，你一定会疑惑，它为什么叫无花果呢？它不开花吗？

事实上无花果是有小花的，它的花朵藏在子房里，确切地说是果实的雏形里，蜜蜂会从子房底部的小洞钻入并为花朵授粉。无花果树所开的花生于花序托内，而果实实际上就是膨大的花序托，所以人们误认为它"不花而实"，因此得名。

无花果属于桑科植物，主要生长于热带和温带地区，为灌木或小乔木。它原产于亚洲西部，栽培历史悠久。无花果还有映日果、优昙钵、阿驵、底珍树、蜜果等名。

无花果喜欢温暖湿润的海洋性气候，它不耐寒，但较耐干旱。在华北内陆地区，如遇-12 ℃的低温天气，无花果的新梢即易发生冻害，当气温降至-20 ℃时，无花果的地上部分就可能死亡。因而对无花果树来说，冬季防寒极为重要。

目前我们所知无花果有800余个品种，长于温带地区的是落叶品种，长于热带地区的是常绿品种。花生长于果内是无花果在桑科中与其他植物最大的差别。

无花果的植株高可达12米，有乳汁，维吾尔语称无花果为"安居尔"，意为"树上结的糖包子"。

无花果被广泛应用于制作甜品、果汁、酒、醋并被用于烹饪。它们可以直接食用，或制作成各种口味的果酱、果脯和果冻。无花果蘸着蜂蜜、奶酪或其他小吃一同品尝的传统在地中海地区很受欢迎。

除了食用以外，无花果还有一定的药用价值，可以用来治疗胃肠问题、咳嗽和炎症。

考古成果证实了人类种植无花果的历史已达一万年之久，

无花果是人类最早培育蓄养的植物之一。更有趣的是,据古今中外许多专家学者长期研究考察推断,无花果正是《圣经·旧约》中亚当和夏娃偷吃的"智慧果",而无花果那美丽宽大的叶,则自然成为《圣经》里所描述的人类的第一套服装。

鉴于无花果的巨大发展潜力,全国第一家无花果专业研究机构——重庆市无花果研究所于1998年春天在重庆市铜梁县宣告成立。该所自成立以来,先后从国家"948项目无花果课题组"、美国、日本等渠道引进90多个品种的无花果,现已从中选出优良品种12个,陆续向全国推广。

18 节外生枝

【释义】 比喻在问题之处又岔出新问题。现多指故意设置障碍，使问题不能顺利解决。

【出处】 元·康进之《梁山泊李逵负荆》："不是我节外生枝，囊里盛锥。谁着你夺人爱女，逞己风流，被咱都知。"

【近义】 横生枝节

科普知识

茎是植物体的一部分，由胚芽发育而成，下部和根连接，上部一般都生有叶、花和果实。茎能输送水、无机盐和养料到植物体的各部分去，并有贮存养料和支持枝、叶、花、果实等生长的作用。常见的茎有直立茎、缠绕茎、攀缘茎、匍匐茎等。

有些植物的茎我们一眼就能找到，比如玫瑰花、牵牛花等。连接花朵和根部的那一部分就是它们的茎，可是你知道白杨树、松树或者梧桐树等常见树木的茎在哪里吗？其实树干就是它们的茎。

大多数茎是圆柱形的，也有少数植物的茎有其他形状，如莎草科植物的茎呈三角柱形，唇形科植物的茎为方柱形，有些仙人掌植物的茎为扁圆形或多角柱形，令箭荷花的茎则为扁带形。

茎的形态很多变，平时我们能看见的地上茎有很多，它们的样子也是千奇百怪，各有不同。比如，棉花的茎是直立着的，葡萄的茎是攀缘着的，牵牛花的茎是缠绕着的。

但还有多种变态的茎，如玫瑰、山楂、皂荚等，它们为了保护自己，茎上面长了很多刺；黄瓜和葡萄，茎上长出了卷须；有些植物还长着叶状茎，像昙花、假叶树等。

植物会根据环境或者其他因素形成自己独特的生长方式，它们的根、茎、叶都在变化着，莴苣就是其中之一。莴苣的外形，如一根粗短的棍子，而这根粗短的棍子正是它的茎。它的茎裸露在地上，所以叫地上茎。它还有很多侧根，茎的部分比较短，但在生长过程中，因吸收大量的营养而逐渐伸长、加粗。

我们平时吃的土豆，其实是土豆的地下块茎，地下块茎因为贮藏了大量的水分和养分而变得体形庞大，这些养分里含有丰富的淀粉，还有蛋白质、粗纤维、胡萝卜素等。所以，不要以为我们所食用的部分是土豆的果实,那其实是土豆的地下茎。

19 金玉其外,败絮其中

【释义】 金玉:比喻华美;败絮:烂棉花。外表像是金玉,内里却尽是破棉絮。比喻外表很华美,里头一团糟。

【出处】 明·刘基《卖柑者言》:"观其坐高堂,骑大马,醉醇醴而饫肥鲜者,孰不巍巍乎可畏,赫赫乎可象也?又何往而不金玉其外,败絮其中也哉?"

【近义】 华而不实、虚有其表

【反义】 表里如一

科普知识

棉花看起来像白云一样,一朵一朵的。小时候我们喜欢看天空,如果说白云是天空的衣服,那棉花则确确实实是我们衣服的原料。

棉花是锦葵科棉属植物的种子纤维,是一种很重要的农作物,原产于印度。

我国种植棉花的历史有两千多年了，棉花种植最早出现在公元前5000年至公元前4000年的印度河流域。公元前1世纪，阿拉伯商人将精美的细棉布带到了意大利和西班牙；15世纪，棉花传入英国。

棉花一生要开两次花，第一次是真花，第二次是人们需要的棉花。棉花的花刚开始是白色的，之后慢慢变黄，再变红，颜色越来越暗，最后变成褐色。棉花一般为1—2米高，有的可长到6米高。

温暖的气候、充足的阳光和水分是棉花需要的。只有在这样的条件下，棉花才能生长得好。中国南方、中东、美国、澳大利亚等地都是适合棉花种植的地方。

按照棉花的纤维长度和颜色，可以将棉花分为多种类型。最常见的有长绒棉和短绒棉。长绒棉的纤维长度比短绒棉长，也比短绒棉更容易加工和染色。

棉花可以制作纺织品、家居用品、医疗用品等各种产品。其中，最常见的是纺织品，比如衣服、裤子、袜子等。此外，棉花还可以用来做棉花棒、棉绳、棉被等。

随着科学技术的发展，人们的衣服和其他纺织品，其纺织品原料有了越来越多的选择，但棉花仍是最主要的纺织品原料。

在棉花传入中国之前，中国没有可以织布的棉花。宋代以前，中国只有带丝旁的"绵"字，没有带木旁的"棉"字。

棉花产量最高的国家有中国、美国、印度、巴基斯坦等国。中国的产棉区主要有江苏、河北、河南、山东、湖北、新疆等地。每年，中国产棉量超过2000万吨，棉花产业是中国国民经济的一个重要组成部分。

中国五大商品棉基地分别是：江淮平原、江汉平原、南疆棉区、冀中南鲁西北豫北平原、长江下游滨海沿江平原。

在中世纪，棉花是欧洲北部重要的进口物资，那里的人习惯从羊身上获取羊毛，所以当听说棉花是种植出来的，还以为棉花来自一种特别的羊，这种羊是从树上长出来的，所以德语里面的棉花一词的直译是"树羊毛"。

虽然目前的纺织品市场上充斥着各种化学纤维织成的纺织品，但棉花、蚕丝、麻等天然纤维织成的纺织品却是最有利于人身体健康的。

● 成语与植物风景

20 久旱逢甘雨

【释义】 逢：遇到；甘雨：适时而有益于农事的雨。干旱了很久，忽然下了场好雨。比喻渴望已久，一旦如愿以偿，内心无比喜悦。

【出处】 宋·洪迈《容斋四笔·得意失意诗》："旧传有诗四句，夸世人得意者云：'久旱逢甘雨，他乡见故知。洞房花烛夜，金榜挂名时。'"

科普知识

植物的多样性，决定了每种植物各有其特点。但植物需要水，是大部分植物的共同特征。我们知道，雨水呈酸性，它能中和土壤的碱性，破坏土壤的板结结构，还能增加土壤的养分，是植物生长的必需品。

但也有一些"超级怕水"的绿植，如虎皮兰。虎皮兰的叶片又硬又厚，特别耐干旱，一个月不浇水，它仍能活着。还有叶片肥厚的芦荟，它含水量高，是一种非常耐旱的植物，一年也浇不了几次水。再有发财树，它有个粗壮的枝干，就像小树一样，也是耐旱型的绿植。它不需要频繁浇水，甚至可以说非常怕水。

还有一种植物，比上述植物更耐旱，它就是卷柏。

卷柏属卷柏科，属土生或石生复苏植物，呈垫状，靠孢子繁殖。卷柏矮小，高不过十几厘米，是草本植物，同属植物大约有700种，中国有50种。卷柏的耐旱力极强，在长期干旱后根能自行从土壤分离，整个植株蜷缩似拳状，随风移动，遇水而荣，待找到水源，根再重新钻到土壤里寻找水分，舒展枝叶，故而得名。

中国、俄罗斯、朝鲜、日本、印度和菲律宾都有卷柏分布，在我国，卷柏主要分布在山东、辽宁、河北等省。

卷柏的抗旱力有多强？经科学家测定，卷柏体内的含水量只有5%时，仍能"死而复生"。因此民间给这种植物起了许多形象的名称，如回阳草、长生草、见水还阳草、万年青等。

卷柏的根系发达，能够深入地下水层寻找水分，从而缓解干旱带来的水分不足。它的叶片小而厚，可以通过减少蒸腾来减少水分流失。

卷柏有很多用途，如因其根系深厚，可以稳定土壤结构，防止水土流失。卷柏是公园和园林绿化的重要树种,具有观赏价值。卷柏木质好、硬度高、耐久性好,在建筑、家具等领域被广泛应用。同时卷柏还有治疗失眠、消炎、祛风、利尿、抗菌等药用价值,可制作精油,被广泛应用于香水、肥皂、香熏和化妆品等领域。

21 麻木不仁

【释义】 不仁：没有感觉。肢体麻木，没有感觉。比喻思想不敏锐，反应迟钝。

【出处】 清·文康《儿女英雄传》："天下做女孩儿的，除了那班天日不懂、麻木不仁的姑娘外，是个女儿，便有个女儿情态……"

【近义】 无动于衷

科普知识

天麻为多年生草本植物，没有叶绿素，是一味常用且较名贵的中药，有"神草"之称。到目前为止，全世界已发现该属植物30余种。天麻喜欢生长在阴暗潮湿的地方。过去，我们获取天麻主要依赖野生资源，直到20世纪70年代，天麻才人工种植成功。

在初夏时节，你会在阴湿的林区山间，看到天麻从地间突然冒出，像细竹竿似的。天麻花穗的顶端排列着黄色或黄白色的朵朵小花，其茎不足一米长，孤零零地站立着，看上去像一支出土的小箭。

如果你是个采药人，你会有这样的经验，顺着这根赤箭往下挖，就能从地下挖出大小不一样的块茎。它们有大有小，大的有鸭蛋大小，小的只有花生米大小，这些块茎就是天麻。采到天麻后冲洗干净，然后用竹刀刮去外皮、蒸透，再用无烟火烘干，就可以为人们所用了。

天麻不会进行光合作用，也无法吸收水分和无机盐类。它的生长靠一种名叫蜜环菌的真菌。天麻的细胞里有一种特殊的酶，能吸收钻到块茎里面的菌丝。天麻就这样靠"吃"蜜环菌长大，即便是没有根，没有叶，也能正常生长。

我国已发现天麻属植物6个品种，它们分布于云南省丽江、昭通彝良小草坝、石屏及四川省峨眉的高山区。

采挖天麻一般在春、冬两个季节。冬至以前采挖出来的叫"冬麻"，质量较好；立夏之前采挖出来的称"春麻"，相比"冬麻"来讲，质量稍次一些。

天麻的药用价值和食用营养价值都很高，市场上会有假天麻出现。假天麻和真天麻的根茎形状十分相似，辨别起来有一定难度。辨别天麻的方法可以概括为：天麻长圆扁稍弯，点状环纹十余圈；头顶茎基鹦哥嘴，底部疤痕似脐圆。

天麻已被世界自然保护联盟（IUCN）评为易危物种，并被列入《濒危野生动植物物种国际贸易公约》（CITES）的附录Ⅱ中，同时也被列入中国《国家重点保护野生植物名录》中，为Ⅱ级保护植物。

天麻有镇痛、治疗惊厥、降血压等功效，久服可平肝益气、利腰膝、强筋骨，还可增加外周及冠状动脉血流量，对心脏有保护作用。天麻还有明目和显著增强记忆力的作用。天麻对人的大脑神经系统具有明显的保护和调节作用，能增强视神经的分辨能力，是高空飞行人员的脑保健食品或脑保健药物的重要原料之一。

天麻也可用于制作药膳，如天麻蒸鸡蛋、天麻牛肉火锅等都用到了天麻，这些菜肴好吃且有保健作用。

22 明日黄花

【释义】 明日：这里指重阳节后。黄花：菊花。原指重阳节过后逐渐枯萎的菊花。今多比喻过时的事物。

【出处】 宋·苏东坡《九日次韵王巩》诗："相逢不用忙归去，明日黄花蝶也愁。"

宋·胡继宗《书言故事·花木类》："过时之物，曰明日黄花。"

科普知识

菊花是一种常见的花卉，属于菊科植物，其品种众多，花色丰富，形态各异。菊花一般在春、夏季生长并在秋季开花，是非常受欢迎的花卉之一。

菊花植株高 30—100 厘米，除了悬崖菊形状特殊外，其他品种的植株都是直立的，叶片呈卵圆或长圆形，边缘是锯齿状的。

我们见到的菊花多是金黄色的，其实它的色彩很多，有红、黄、白、墨、紫、绿、橙、粉等很多颜色。它的外形也有很多，有单瓣、重瓣，有扁形、球形；有空心，也有实心。

菊花在中国被赋予了很多文化象征，常用于节日祭祀，也可食用或入药等。在古时候，重阳节时，宫廷里会点菊灯；在民间，邻里、亲朋会制作菊花糕相互赠送，即使是普通家庭，他们也会买上一两株菊花回家赏玩。

在文人诗篇中，常常会写到菊花。欧阳修赞菊道："一夜新霜著瓦轻，芭蕉心折败荷倾。奈寒惟有东篱菊，金蕊繁开晓更清。"晚唐农民起义领袖黄巢则在《不第后赋菊》一诗中写道："待到秋来九月八，我花开后百花杀。冲天香阵透长安，满城尽带黄金甲。"抒发其要与恶势力搏杀的抱负。南宋诗人郑思肖赞菊花的风骨道："宁可枝头抱香死，何曾吹落北风中。"

菊花的种植历史悠久，在我国2500多年前的古籍中，已有关于菊花栽培的记载。菊花有许多名字，如寿客、秋菊、黄花、女华、九华、帝王花等，是多年生草本植物，也是花中四君子之一。

22 明日黄花

从晋代起，菊花作为观赏花卉开始大规模栽培。陶渊明的名句"采菊东篱下，悠然见南山"为大家所熟知。

千百年来，菊花广受人们的喜爱，《神农本草经》中说，菊花"服之能轻身耐老"。因而菊花被人们看作长寿的象征。《内乡县志》记载有菊潭附近居民长寿的事例：这些居民上寿者百五十岁，中寿者百二十岁，一般人大寿八九十岁。魏文帝曹丕在重阳节时，将一束菊花送给大书法家钟繇，表达他祝钟繇长寿之意。

按照开花时间，人们把菊花分成三类：

早菊花9月绽放，秋菊花10—11月绽放，晚菊花12月至次年元月绽放。

当然，园艺家们也想了各种办法，让菊花开放的时间更早一些。

鉴赏名品菊花，首先从花的形态看其所表达出的神韵，此为花的"灵魂"；然后再品赏花型和花色之美，花香之醉人。

除了作为装饰花卉外，菊花还具有一定的药用价值，有清热解毒、消炎止痛、抗菌、降血压等功效。

总之，菊花既是美丽的花卉，又有重要的文化象征意义，还是一种经济作物。

23 盘根错节

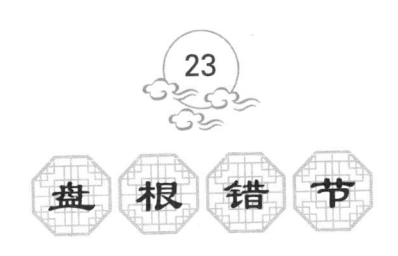

【释义】 盘：盘曲；错：交错；节：枝节。树木根干盘曲，枝节交错纠结。形容纵横交错，密密麻麻。比喻事物关系错综复杂，很难处理。

【出处】《后汉纪·安帝纪一》:"不遇盘根错节，无以别坚利。"

【近义】 根深蒂固、犬牙相错、错综复杂

【反义】 简单明了、迎刃而解

科普知识

就像我们人类通过一日三餐来吸收营养一样，根在吸收水分的同时，也能将土壤里的营养成分一起吸收进去。根吸收的养分是对植物生长很重要的无机盐，有了无机盐，营养充分，植物才能茁壮成长。

有时根还会化身大仓库，将多余的能量储存起来，以备不时之需，听上去很有战略眼光。比如红薯、胡萝卜，它们

的根就具有储藏能量的功能。

除此之外,我们还会发现一些根上有纤细的根毛,这些根毛可以帮助呼吸;强壮的根部还是支撑植物的基石,有它在,植物的茎叶才能稳稳地立起来。从这些方面看,根的作用很广泛。

一般来讲,深藏在泥土里,最长最粗的那条根是主根,围绕在它周围的那些根叫作侧根,根毛分布在主根和侧根之上,植物通过根毛,吸收土壤中的水分和养分。

根末尾处比较尖的部分叫根冠。根冠由已死亡的植物细胞连接而成,它很坚硬,能起到保护根的作用。

根冠内部有一个分生区,它可以分泌促进植物生长的激素。根冠就是分生区的保护膜,分生区一旦受到伤害,植物就会停止生长。

植物的根在生长过程中,会因为自身的需要而发生很大改变,有时候就算把它放在眼前,你也不会认为那是根。比如甜甜的红薯,看上去像是果实,但其实它是根,这样的植物叫作块根植物。还有一些植物由于自身无法进行光合作用,只好靠寄生来维持生命。如金灯藤,它只能将自己的根缠绕在其他植物的根上,从而吸取营养,这样的根被称为寄生根。

玉米和高粱,从身材上看,长得比较高挑,它们在面对暴风雨时，会承受很大的压力。因此，它们有一部分根会露出地面，这样才能使它们更稳固，这种根叫作支柱根。爬山虎的根看起来很柔弱，却特别厉害，它们可以紧紧地吸附在墙壁上，这种根叫作附着根。

还有一些更有趣的根——呼吸根和水中根。

呼吸根主要是指那些伸出泥土表面来帮助植物进行气体交换的根，比如红树的根。还有一些植物是漂浮在水中的，它们的根属于水中根，这些根一方面可以确保植物不被水冲走，另一方面还可以吸收水中的营养。紫萍的根就是其中的典型代表。

根的形态千千万万，它们都对植物正常生长起着至关重要的作用。

24 胸有成竹

【释义】 画竹子前心中已有竹子的形象。比喻做事之前心中已有充分的考虑。

【出处】 宋·苏轼《文与可画筼筜谷偃竹记》:"故画竹必先得成竹于胸中,执笔熟视,乃见其所欲画者,急起从之,振笔直遂。"

【近义】 心中有数

【反义】 胸中无数

科普知识

竹是一种常见的植物,属于禾本科植物,是一种多年生草本植物。原产于中国,类型众多,适应性强,分布极广。茎为木质,最矮小的竹种,其秆高10—15厘米,最大的竹种,其秆高40米以上。

竹的茎是它的主要部分,也是竹子极具特色的部分。它们通常是圆柱形的,中空,旁边有一些节。你一定读过不少赞颂竹品格的文章。竹子历来以其中空、有节、挺拔的特性为中国人所称道,是中国人所推崇的谦虚、有气节、刚直不阿等美德的生动写照。

成熟的竹生出水平的枝,叶片为剑形,有叶柄,幼株的叶直接从茎上生出。其他植物要开花结实,而竹子不同,大多数品种的竹在生长12—120年后才开花结籽,且其一生只开花结籽一次,这是它生命结束的一种征兆。

为什么竹子开花后就会死亡呢?

竹子开花结籽要消耗掉大量的有机物质,而这些养料全部从其根、茎和叶而来。开花结实后,竹子营养器官中贮存的有机物质被消耗殆尽,此时,竹子无法再继续生长,遂逐渐枯死。多数竹种,如毛竹、梨竹等,开花后地上和地下部分会全部枯死。但也有例外,像斑竹、桂竹、雅竹等少数竹种,开花后地上部分死亡,而地下部分的芽仍能复壮更新。也有个别竹种,如水竹、花竹等,开花后植株叶片仍保持绿色,地下部分也不枯死。

竹子的用途很广泛,它的茎坚硬且有韧性,可以用作建筑材料、家具、工艺品、厨具等。此外,竹子还可以制作支架、桥梁、器具等。竹子也有天敌，仅蝗科昆虫就有二十多种，竹蝗便是其中最常见的一种。新长出的竹叶是竹蝗孵化后的第一顿美餐，在面对这些肆无忌惮的掠夺者时，竹子无处可逃。竹子的另一个天敌是大熊猫。大熊猫几乎完全靠吃竹子为生。一对成年的野生大熊猫，每天大约要花16个小时吃掉大约40千克竹子，这大约是一个成年人20天的饭量。

竹笋是竹的嫩苗，味香质脆，食用和栽培历史极为悠久。

竹林可以吸收大量的二氧化碳，对环境保护有重要意义。此外，竹子的根系也可以保护土地免受退化和水土流失的侵害。竹子四季常青，在庭院中，是不可缺少的点缀假山水榭的植物。

我们常会看到竹马这个词，其实在古代，这是儿童游戏时当马骑的竹竿。还有"竹夫人"，它是古代一种消暑用具，呈圆柱形，中空，周围有洞，可以通风。

竹子也是画家喜爱的植物。清代郑板桥的《墨竹四条屏》写道："细细的叶，疏疏的节；雪压不垂，风吹不折。"清代王慕兰的《石门竹枝词》写道："山南山北竹婵娟，翠涌青围别有天。两两三三荷锄去，归来饱饭笋羹鲜。"清代郑燮的《竹石》写道："咬定青山不放松，立根原在破岩中。千磨万击还坚劲,任尔东西南北风。"

综上所述,竹子与我们的生活密切相关,它不仅有很多用处,还是文人墨客笔下的常客。

25 昙花一现

【释义】 昙花：印度梵语优昙钵华的简称，传说三千年一开花，仅开数小时即谢。原来比喻事物难得出现。后来比喻好的景象一出现很快消失。

【出处】 清·张春帆《宦海》："王观察撒手抛枪，一个身体望后便倒，真个是富贵无常，功名安在，昙花一现，四大皆空。"

【近义】 过眼烟云、稍纵即逝

【反义】 万古长青、万古流芳、流芳百世

科普知识

昙花是仙人掌科植物，原产于墨西哥和中美洲地区。它的叶片已经退化，扁化的茎代替叶子进行光合作用。昙花怕暴晒，也怕低温，与其他仙人掌科的植物耐旱、多刺、喜光等特性不同。

昙花基本在夜间开花，它的这种开花习性是对蛾类传粉

的适应，因为大部分蛾类在夜间活动。昙花属于虫媒花，晚上八九点钟是昆虫活动频繁之时，所以，晚上开花最有利于其授粉。

也许有人在白天看到过昙花开放，但那些多是经过人工干预的。

看过昙花开放的人这样描述：昙花开时，花筒慢慢翘起，绛紫色的外衣慢慢打开，然后由20多片花瓣组成的大花朵就开放了。昙花的花朵较大，直径可达10—15厘米，开放时花瓣和花蕊都在颤动，艳丽动人。昙花开放的时间较短，只3—4个小时，之后花冠闭合，一次视觉盛宴即告谢幕。

昙花为什么只能"一现"呢？

相关专业人士说，昙花开放时全部花瓣都张开，容易散失水分，其根从沙土中吸收的水分有限，不能长期维持花朵盛开所需的水分，在水分不足的情况下，它会很快闭合。

前面说过，有人在白天看到过昙花开放，那是园艺师想的办法。园艺师在昙花的花蕾长到10厘米时，每天上午7点钟把整株昙花搬进暗室里，到傍晚8点钟至9点钟，再用100瓦至200瓦的电灯对昙花进行人工照射，等7至10天后，昙花就能在白天上午7至9点开放了，并能从上午一直开放到下午5点钟才完全闭合。用成语来形容，这属于"偷天换日"

的妙招。

还有个问题，大家应该知道，昙花并没有叶子，人们看到的所谓"叶子"，实际上是它的叶状变态茎，呈绿色，含有叶绿素，可以代替叶进行光合作用。

正因它没有叶子，可以进一步减少体内水分的蒸发，故能适应热带干旱沙漠地区的生存环境。

昙花是著名的观赏花卉，俗称月下美人。夜深人静时，昙花开放，展现美姿秀色。昙花也是一种很好的草药，其果实可食用，含有丰富的维生素 C 和纤维素，具有调节血糖、降低胆固醇、促进消化等功效；其花瓣及花蕾可以入药，常用来治疗心血管疾病、神经衰弱、失眠等病症。

26 铁树开花

【释义】 铁树:常绿乔木,原产热带,不常开花,移植北方后,往往多年才开一次。比喻事情非常罕见或极难实现。

【出处】 宋·释普济《五灯会元·或庵师体禅师》:"淳熙己亥八月朔示微疾,染翰别群守曾公,逮夜半,书偈辞众曰:'铁树开花,雄鸡生卵,七十二年,摇篮绳断。'掷笔示寂。"

【反义】 易如反掌

科普知识

苏铁,亦称铁树、凤尾蕉、凤尾松。树干高约2米,茎粗壮,直立或斜伸,外表呈现浅灰色或淡黄色。苏铁的种子为红褐色或橘红色,倒卵圆形或卵圆形,稍扁。

苏铁名字的由来,和其生物特性有关。首先,苏铁的木质密度大,遇水就沉,沉重如铁;其次,苏铁的生长需要大量铁元素。

苏铁是地球上现存的最原始的种子植物之一，它喜欢暖热湿润的环境，不耐寒冷，生长甚慢，寿命约 200 年。

我们会在世界各地的植物园、公园见到苏铁。它的主干为圆柱形，粗壮、坚硬。苏铁的叶丛生在茎的顶端，羽状叶长达二米，羽片可超过百对，十分坚挺。它的外形如中国古代传说中的神鸟凤凰的尾羽，也叫凤尾蕉。

苏铁是雌雄异株植物，雌花和雄花分别生于雌株和雄株茎顶部。雄花序为黄色，形如圆柱形宝塔；雌花序为黄褐色，呈扁球形，被绿叶所环抱。苏铁的种子形如鸟蛋，俗称其为凤尾蛋。

说到铁树，中国有句俗话："铁树开花，马生角。"这句话形容苏铁开花极为罕见。其实只要温度、光照及水肥条件合适，一些一二十年以上树龄的铁树是可以连年开花的。

今天，当人们在观赏花盆中栽培的苏铁时，很难联想到史前巨兽恐龙。但事实上，在恐龙称霸地球的中生代，苏铁家族就异常兴盛。它曾经遍布各地，据说当时世界上每三种植物之中，就有一种是苏铁家族的成员。然而到了中生代晚期，随着恐龙的灭绝，显赫一时的苏铁家族也逐渐衰败，延续至今的只有苏铁纲中的 110 余种了。

苏铁的茎中含淀粉，可食用，尤其是云南苏铁，茎很短，基部膨大，像大萝卜，含淀粉多，有"神仙米"之称。苏铁的叶子有止血、解毒、止痛的功效。它的花能理气止痛、益肾固精，种子可以平肝、降血压，根可祛风活络、补肾，可以说苏铁全身都是宝。但苏铁的种子和茎顶部树心有毒，用时要小心。

如今，苏铁在中国南北方都比较常见，尤其是南方的湖泊、河流等水域周边地带。

苏铁的生态功能十分重要，有着保护河堤、防止水土流失和改善水质等作用。

27 凤毛麟角

【释义】 凤：凤凰；麟：麒麟。凤凰的毛，麒麟的角。比喻罕见而珍贵的东西。

【出处】 明·何良俊《四友斋丛说》："康对山之文，天下慕向之，如凤毛麟角。"

【近义】 吉光片羽

【反义】 家常便饭、车载斗量

科普知识

地球上植物的不同特性，决定了自然界充满了许多神奇的物种，有些植物非常稀少，如金钱松，是著名的远古残存植物，由于气候的变化，加上冰河时代的来临，各地的金钱松相继灭绝，现只在中国长江中下游少数地区有零散部分，非常稀少。尸香魔芋，产于苏门答腊岛，是世界上体形最大的花，也是世界上最稀有的植物之一。伍德苏铁，已被列为野生环境灭绝植物，目前发现的全球唯一的野生伍德苏铁位于南非诺耶森林。

无独有偶,在我们国家的浙江省舟山群岛的普陀岛,也有这样一株稀有植物,它就是普陀鹅耳枥。

普陀鹅耳枥属桦木科,是乔木,其树皮呈灰色,小枝棕色,叶片椭圆形或宽椭圆形,雌雄同株,雄花序短于雌花序。雄、雌花于4月上旬开放,果实于9月底10月初成熟。

普陀鹅耳枥是怎样被发现的呢?

我们知道,普陀岛上有世界著名的普陀寺,普陀寺有"海天佛国"之称,前来旅游的人络绎不绝。这株鹅耳枥的发现者就是来观光的著名植物学家钟观光教授。

1930年,他到普陀岛上观光,竟然发现了一种陌生的植物。这种植物后来被我国另一位植物学家郑万钧教授定名为普陀鹅耳枥。

至此,这棵珍稀宝树,入选《国家120种极小种群野生植物物种名录》,是现存植株最少的物种,有"地球独子"之称。

从2000年开始,浙江省舟山市林业科学研究院对该树种进行了相关研究,通过有性和无性繁殖的方式,不断扩大子代种群规模,现已育的普陀鹅耳枥子代苗木已经达到3万余株。

2011年9月29日发射的天宫一号"目标飞行器",进行太空育种试验的四种中国特有树种中就包括普陀鹅耳枥。

普陀鹅耳枥因其特殊的生长环境和稀有性,成为人们心目中的神圣植物。普陀山相传是观看菩萨的成道之所,普陀鹅耳枥主要分布在普陀山,故普陀鹅耳枥被视为观音的化身。普陀鹅耳枥不仅在文化上有着重要的地位,其根、茎、叶等也是重要的中草药,能够治疗多种病症。

28 五谷丰登

【释义】五谷：指稻、麦、豆、小米、高粱，泛指农作物；丰登：丰收。泛指年成好，粮食丰收。

【出处】《六韬·龙韬·立将》："是故风雨时节，五谷丰登，社稷安宁。"

【近义】年谷顺成、五谷丰稔

【反义】凶年饥岁、年谷不登

科普知识

水稻是种在水里的吗？答案是肯定的。水稻在经历了一系列的加工处理之后，才成为我们常见的大米。

春天，万物生机勃勃，农民开始播撒水稻种子，并在稻田中灌水。种子逐渐发芽并渐渐长成秧苗，随着秧苗渐渐长大，它们会被重新安排栽入稻田，也就是插秧。夏天水稻开始长出稻穗，秋天开始收割，饱满的谷粒，压弯了稻穗。

在过去农民需要用镰刀收割稻子，然后扎捆、脱粒。现在主要用联合收割机对水稻进行收割并脱粒成为我们常见的大米。

水稻属禾本科,是半水生植物,宜生长在较为湿润的环境中,自古以来就是我国重要的粮食作物之一。据考古学家的研究,我国人工栽培水稻的历史已超过一万年。

在中国史书中,首次记录水稻的种植是在公元前3000年前后的夏朝时期。之后,水稻被大规模种植并传播到很多地方,主要分布于亚洲的大河流域,例如黄河流域和长江流域。

水稻的成熟周期较长,一般需要4—6个月。水稻的地下部分包括根系和茎固定在土壤中,上面生长着1—2米高的叶子和长约50厘米的穗。穗上结着糙米,通常需要脱壳后才能获取米粒。

稻类作物实际上不光有水稻还有旱稻,旱稻有很强的抗旱性,在缺少水分灌溉的情况下,也能在贫瘠的土地上结出穗来。旱稻多种在降雨稀少的山区,因地域不同,也演化出许多特别的山地稻种。

稻米营养丰富,其主要成分是碳水化合物,同时也含有少量的蛋白质、矿物质和复合维生素B。它是世界上许多国家的主要粮食。

水稻除了可食用外,还可以用来酿酒、制糖。

中国科学家群体对水稻科研作出了全球性的贡献。朱英国院士对杂交水稻的研究作出了突出贡献；农民胡代书发明越年再生稻；被称为"杂交水稻之父"的袁隆平，在1973年，选育了第一个在生产上大面积应用的强优高产杂交水稻组合，为此，他于1981年荣获中国第一个国家特等发明奖。

西方世界称杂交稻是"东方魔稻"，国际上甚至把杂交稻当作中国继四大发明之后的第五大发明，称之为"第二次绿色革命"。

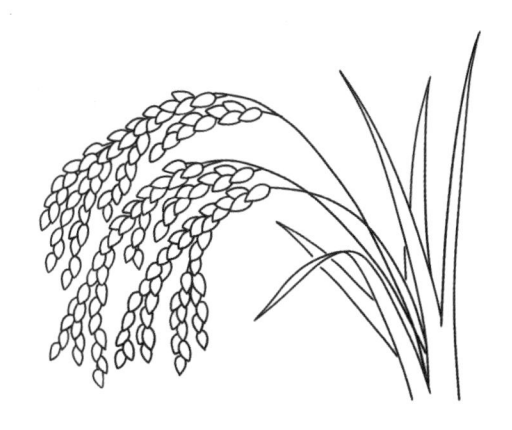

29 物尽其用

【释义】 尽:全,这里指充分发挥;用:用处,作用。各种事物都充分发挥它的作用。

【出处】 马烽《典型事件》:"这倒是人尽其才,物尽其用,两全其美。"

【近义】 人尽其才

【反义】 大材小用

科普知识

木贼也称千峰草,为多年生常绿草本植物,喜阴。它不光名字有点怪,外形也怪。多数喜阴的植物,都长着宽大的绿叶,可它却只有一枝枝圆柱形、细长、带纵棱的茎,拔地而起,高几十厘米甚至一米以上。

木贼这一属共有30多种,中国的品种在10种以上,常见的种类有问荆、草问荆、犬问荆、节节草、笔管草等。木贼这种植物多有地下横走的茎，茎节上易萌生新的植株，因此往往会成片生长。

在北半球温带地区的原野中，常能见到木贼。在中国的东北、华北和长江流域，也有木贼分布。它们多半生于山坡林下的阴湿处、河岸湿地、溪边或潮湿的杂草地。

木贼属蕨类植物，根状茎粗短，黑褐色。其茎中空，有十分明显的节，节上轮生着很小的鳞片状膜质叶。夏秋时节，在木贼的茎枝顶部生出纺锤形的孢子叶穗，看上去犹如一支头朝上的毛笔，下面中空茎处好像笔管，上面的孢子叶穗形似笔头。因此人们又称这类植物为笔管草、笔头草。

此外，木贼的茎上有粗糙的纵棱，而且茎内含有丰富的硅质，在民间常被用来打磨木器、金属或擦去器皿上的污垢，又被称为锉草、擦草、磨草等。

木贼对人类的生产生活有一定困扰。如果木贼侵入农田，会对农作物造成危害，这点和黄顶菊有些相似，而且不易清除。

和许多植物一样，木贼也可以入药，它味甘、苦，性平，有疏散风热、清热利尿、止血、明目等多种功效，自古就为中医所用。

你可能想不到，木贼还可以作指示物。因为木贼多生长在地下水位较浅处，故可作为寻找地下水源、打井的指示植物。木贼属植物问荆还有奇特的"聚金"本领，它多生长在金矿附近，可为地质工作者在寻找金矿时提供借鉴。

木贼还可做饲料。千峰草鸡因一年四季都能吃到新鲜的野生木贼而远近闻名。如今，人们通过脱水、烘干、粉碎等技术手段将木贼加工成饲料，既保留了木贼最佳的营养成分，也保证了饲料全年的足量供应。

用木贼喂食的蛋鸡，有不少优势，如免疫力强，能较快适应多变的野外环境，动作敏捷，视力好，骨骼健壮，羽毛丰盈等。最重要的是，它们所产的鸡蛋保留了木贼的精华成分，在营养价值高的同时也具有显著的药用功效。

千峰草鸡蛋的个头虽小，但皮厚，蛋黄所占比例大，营养成分更加自然健康。

总之，木贼是一种非常有价值的植物，拥有许多特性和利用价值。

29 物尽其用

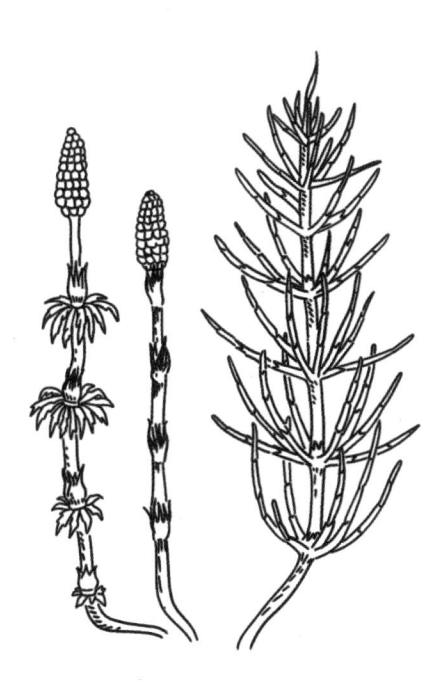

30 奇才异能

【释义】 特殊超人的才能。

【出处】 唐·吴兢《贞观政要·择官》:"臣愚岂敢不尽情,但今未见有奇才异能。"

【近义】 才气过人

【反义】 碌碌庸才、雕虫小技

科普知识

植物的本事有很多,直至今日我们对其认知仍然有限。

报雨花:在澳大利亚和新西兰都生长有一种和菊花特别像的花,它的花瓣是长条形的,花朵体积比菊花大2-3倍,约有拳头那么大,由黄色的花蕾和绿色的花瓣组成,它可以预报天气。这种花的花瓣对空气的湿度非常敏感,当空气中湿度达到一定程度的时候,花瓣就会收缩卷曲起来,把花蕊紧紧地包住。而当空气中的湿度降低时,花瓣又会慢慢地展开。

空气湿度是判断晴雨的一个很好的指标。如果报雨花的花瓣收拢，则说明很可能会下雨；如果花瓣展开，则大概率会是晴天。

探矿植物：地质学家长期在外找矿会发现，他们可以在美丽的七瓣莲花的指引下找到锡矿；在开浅红色花的紫云英的指引下找到铀矿；在蓝色的野玫瑰花的指引下找到铜矿。

为什么这些植物有探矿的本事呢？

我们知道一些植物的生长发育，需要某些特殊的矿物质。在富有这些特殊矿物质的地方，这些植物会长得特别繁茂。某些植物吸收了金属离子后，细胞液酸碱度会发生变化，这种变化会导致其花色的改变。

比如，在含锌的土壤上，三色堇长得特别茂盛，花色特别鲜艳。地质工作者可以根据三色堇的这些变化找到锌矿。

有些探矿植物则是以它特殊的生长姿态示人的，如青蒿。青蒿大多都长得高大，但在含硼丰富的地区却长得矮小，如同"矮老头"。那么寻找到"矮老头"就非常有可能找到硼矿。

有些植物是可以预测地震的：1970年，宁夏隆德县的蒲公英在初冬季节提前开花。本来它的开花时间为4—9月，但初冬时却开花了，一个月后，宁夏西吉发生了5.1级地震，震中距蒲公英开花处仅66千米。同样是1970年，在上海郊区，山芋藤突然提前开花，不久以后长江口就发生了4.2级地震。包括唐山大地震前，据说唐山地区和天津郊区都出现过竹子开花和柳树梢枯死的奇异现象。这些植物的异常表现，引起了科学家们的注意。

从20世纪80年代开始，科学家们从植物细胞生物电的变化入手，研究植物与地震之间的关系。他们用高灵敏度的记录仪对合欢树进行生物电测定，发现在1978年6月10日至6月11日，合欢树的生物电流出现了异常。果然，第2天便在附近发生了7.4级的大地震。

为什么植物能预测地震呢？科学家们分析，也许是因为植物的根系能感觉到地温、地下水、大地电位和磁场的变化，从而导致植物发生相应的物理或化学变化。

从上述植物的变化中，我们可以知道植物的多样性不仅对全球生态系统的稳定性起着重要作用，也对人类的生计和健康有着非常重要的影响。

30 奇才异能

31 一叶知秋

【释义】 从一片树叶的凋落,知道秋天的到来。比喻通过个别的细微的迹象、征兆,可以看到事物发展趋向与结果。

【出处】 清·俞樾《茶香室丛钞·梧叶报秋》:"一叶知秋,虽古有此说,然安能应声飞落?"

【近义】 见微知著、可见一斑、管中窥豹

【反义】 一叶障目

科普知识

叶子是花或树的陪衬,在四季分明的地区,植物的叶子会发生明显变化。从春天开始,叶子便呈现出富有生机的绿色,装饰着大自然。到了炎热的夏天,树叶仍保留其盎然绿意,彰显着生命的色彩。当秋风吹来时,树叶会慢慢脱落,慢慢变黄、变红,飘落下来的叶子,不再是绿色,你知道为什么吗?

在炎热的夏天,由于光照足、气温高,叶绿素可以大量

合成，叶绿素的新陈代谢快，新的叶绿素可以很快代替老的叶绿素，叶子就呈现出翠绿色。但到了秋天，一些树叶无法接受低温状况，新陈代谢变慢，新的叶绿素产生的速度下降，叶子中的叶绿素含量就会减少，而相对稳定的类胡萝卜素相对增多，叶子就变成黄色了。所以说树叶变色既与气候变化紧密相连，也与树叶自身的生理代谢有关。

有的树叶在深秋会变红，是受树叶中花青素的影响。当树叶中花青素的含量足够多时，叶子变成红色。

温度对花青素的形成是有影响的。低温有利于花青素的形成，但不利于叶绿素的形成。所以有些植物，比如枫树，刚长出的嫩叶及秋天快要落下的老叶子都呈现红色。

秋季，我国北方地区降水减少，土壤中的含水量满足不了树木生长的需要。日照时间逐渐缩短，树叶为了保证自身有充足的养分，产生了一种激素——脱落酸。

当叶片中的脱落酸输送到叶柄的基部时，会在叶柄基部形成一层细胞壁很薄的薄壁细胞，即离层。离层形成后水分就不会再输送到叶子里。叶子由于得不到水分的正常补充，会逐渐干枯并在离层处形成一个自然的断裂面，这时，秋风微吹便会落叶纷飞。

有句话说，世界上没有两片完全相同的叶子。从叶子的形状和大小来看，植物各有特点，大的叶子，可以盖一间小房子，最小的叶子却比鱼鳞还要小。

比如王莲，它的叶子可以说是水生有花植物中最大的了。在陆生植物中，叶子最大的植物要数生长在智利森林里的大根乃拉草了，它的一片叶子能把3个并排骑马的人连人带马都遮盖起来。

热带的长叶椰子，一片叶子有27米长，竖起来有7层楼房高，是目前发现的最长的叶子了。

32 移花接木

【释义】 原指嫁接花木。现比喻暗中使用手段变换人或事。

【出处】 明·凌濛初《二刻拍案惊奇》:"同窗友认假作真,女秀才移花接木。"

【近义】 偷天换日、偷梁换柱

科普知识

植物是地球上最重要的生命形式之一,也是所有生命的基础。植物为我们提供了食物、水、氧气和药品等重要资源。为了保护和更好地利用植物,维护生态系统,我们需要了解植物的繁殖方法。

植物可通过有性繁殖和无性繁殖两种方式繁衍后代。

什么是有性繁殖呢?有性繁殖是指两个不同的生殖细胞(精子和卵子)在结合后产生新的个体。这是一种使植物基因组多样化的重要方式,这意味着每个个体都有一组不同的基因。

有性繁殖的必要步骤是授粉。授粉是指将花粉（雄性生殖细胞）转移到雌蕊（雌性生殖器官）的过程。当花粉落在柱头上时，会长出花粉管，花粉穿过花粉管进入雌花中的卵子。经过上述过程才能产生果实，果实可保护种子，使它们不被吃掉或丢失。

什么又是无性繁殖呢？无性繁殖是指通过单个生殖细胞的分裂来产生新的个体的繁殖方式。虽然这种方式不能提供新的基因组，但它可以通过复制已有的基因来繁殖。

自然界中有许多植物，其营养器官具有形成不定根、不定芽的能力。这种能力可以利用植物体的一部分形成新的植株，从而达到繁殖的目的。

无性繁殖的自然方式有很多，这里只讲嫁接繁殖。嫁接是用一部分植物营养器官，移接于其他植物体上。用于嫁接的枝条称接穗，所用的芽称接芽，被嫁接的植株称砧木，接活后的苗称嫁接苗。

在成年的树冠上嫁接别的果树的接穗，就可以得到具有自己原来"个性"的果枝。将几个不同的品种的果树枝嫁接在一株树上，也就是将几个不同种的接穗都以这株树作砧木，那么所有接穗都将保持自己的"个性"而结出特有的果实。

嫁接时，需将接穗的叶子全部去掉，只留下生长点。在另一方（砧木）要去掉它的生长点而只留叶子，那么接穗上新生的枝条就只能从砧木上得到自己发育所必需的物质。

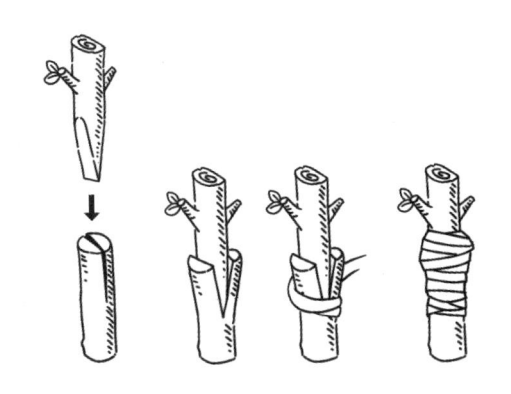

33 鹊巢鸠占

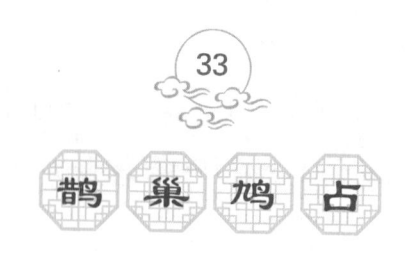

【释义】 喜鹊窝被斑鸠占了。比喻强占别人的地方或位置。

【出处】《诗经·召南·鹊巢》:"维鹊有巢,维鸠居之。"

科普知识

外来入侵植物是指在某个地区原本不存在的植物种类,在人为或自然的因素下,由于种子或种苗的带入而在这个地区生长繁殖,这种植物就叫外来入侵植物。

这些外来入侵植物有生长速度快、竞争力强、适应环境能力强、很难被消灭等特点。它们在原产地可能是没有威胁的物种,但一旦在新的环境中生长,就可能成为新环境生态系统的威胁。

外来植物如果快速生长发展,当地植物就可能会面临着被外来植物挤压的风险,从而导致物种的减少甚至灭绝。科学家担心外来植物可能会改变当地生态系统,导致当地植物群落失去多样性。

同时，很多外来入侵植物容易危害生物多样性。有的外来植物能够强烈影响土壤的化学性质及微生物环境，从而使生物多样性受到严重威胁。而且，大多数外来植物不仅会占用资源和空间，还可能导致被入侵地生态系统的单一化。

我国的外来入侵植物有许多，我们讲以下两种：

1919年，薇甘菊在香港出现，1984年在深圳被发现。它原产于中美洲，现已广泛传播到亚洲热带地区，如印度、马来西亚、泰国等。在中国的广东、香港、澳门和台湾等地也有分布。

薇甘菊属多年生草质或稍木质藤本，茎细长，匍匐或攀援，多分枝。其茎中部的叶呈三角状卵形，长4—10厘米，宽2—7厘米。

薇甘菊在繁殖方面，既可以有性繁殖，又可以无性繁殖。在秋冬温度低于20 ℃时，它会采取有性繁殖的方式进行繁殖。

薇甘菊常见于被破坏的林地边缘、荒弃农田、疏于管理的果园、水库沟渠和河道两侧。它利用了自身的繁殖能力和攀缘能力，在攀爬灌木或乔木之后，能迅速形成整株覆盖之势，并分化学物质，抑制其他植物生长。植物被全部覆盖后，会因光合作用受到破坏而窒息死亡。

薇甘菊对于6—8米高的天然次生林、人工速生林、经济林、风景林等几乎所有树种都会形成严重威胁，已被国际自然保护联盟（IUCN）列为"全球100种最具威胁的外来物种"之一。

我国外来入侵植物的典型代表还有荆豆。荆豆属多刺灌木植物，高可达150厘米。其茎呈圆柱形，多分枝，嫩枝上有三出小叶片。其种子呈卵圆形，黑褐色，花期为8—9月，果期为9—10月。

荆豆原产于欧洲，被世界各地广为引种和归化。在中国主要分布在重庆。

荆豆入侵中国的最早记录为法国传教士于1862年引种荆豆于四川城口教堂附近作为围篱栽培。

荆豆多于田边、路旁栽培，现已大面积归化，侵入山坡灌丛、草地，对当地生态系统产生了不良影响。该物种已被国际自然保护联盟（IUCN）列为"全球100种最具威胁的外来物种"之一。

荆豆的花有芳香气味，常用作观赏，在原产地常用作家畜饲料。荆豆最适合种在黑盐沙土中，红、黄沙性壤土次之。凡适合油菜、小麦、葡萄种植的土壤，均适合荆豆生长，冬天-5 ℃以下达5天的平原低洼地带不宜种植荆豆。

　　荆豆种子含有特殊胶精，可代替H血清，凝结不同种类的血液，是科研、医疗、公安等部门分析鉴定血液的常备药品。每克荆豆可加工提取10毫克植物血胶精。荆豆胶精还可用于治疗气管炎、结核病、肺炎等症，特别对气管和肺病、癌症有特殊疗效。

34 蚕食鲸吞

【释义】 蚕食：蚕吃桑叶，比喻逐渐侵占；鲸吞：鲸一口吞食，比喻一下子全部吞并。如同蚕一小口一小口吃掉桑叶，如同鲸鱼一大口吞掉食物。比喻用种种方式侵占吞并。

【出处】 清·纪昀《阅微草堂笔记·滦阳消夏录六》："汝兄遗二孤侄，汝蚕食鲸吞，几无余沥。"

【近义】 瓜剖豆分

【反义】 金瓯无缺

科普知识

从外观上看，黄顶菊的花朵呈黄色，花心为球状，呈金黄色，非常鲜艳美丽。它是一年生草本植物，一般情况下株高20—100厘米，最高的可长到3米左右。其茎直立、紫色，茎上带短绒毛，花果期在夏季至秋季。

黄顶菊的种子多，一朵花就是一个头状花序。头状花序呈蝎尾状，由很多个米粒般大小的花朵组成，每一朵花可以产生一粒瘦果，无冠毛。

一株黄顶菊大概能开1200朵花，每朵花能结出上百粒种子，每一粒种子的传播，都是依托风、水或人类之间的活动，其扩散蔓延的速度非常快。

黄顶菊的根系很发达，会和周围的植物争夺阳光和养分，并且挤占其他植物的生存空间，影响其他植物的生长，尤其是对绿地生态系统有极大的破坏性，很有可能会导致一些生物灭绝。

黄顶菊的原产地不是中国，它原产于南美洲的巴西、阿根廷等国。在我国的主要分布区域是天津、河北等地，并逐渐侵入更多的区域。

黄顶菊对农作物有不小的威胁，它除了跟周围的植物争夺营养外，其根部还会产生一种分泌物，这种分泌物能抑制其他植物的生长。一旦某地出现了一株黄顶菊，那么，几年之内，此地就不会有别的植物了。所以说，我们要对黄顶菊严加防范，否则等它入侵到农田里边，会对农业造成巨大的损失。

在生长过黄顶菊的土壤里种上小麦、大豆等，它们的发芽率会变得很低，久而久之，黄顶菊多了，而其他植物变得极少。地面如果只剩下黄顶菊，就破坏了生物的多样性。

因此黄顶菊又称为"生态杀手"。

针对黄顶菊的生理特性，我们应该采取什么措施呢？

先是观察查找，在废弃的厂矿、工地和滨海、河边、沟渠边、道路两旁进行细致调查，建立观察点，加强监测，及时掌握黄顶菊发生动态。

消灭黄顶菊一般有两种方式。第一种方式是人工拔除。每年4—8月是黄顶菊的生长期，也是铲除黄顶菊的最好时节，对成片发生地区，可先割除植株，再耕翻晒根，并焚烧根茬，从而做到全部铲除。对零散分布的黄顶菊只要发现了，就要及时铲除，不能留下隐患。第二种方式是药物灭杀。百草枯和草甘膦这两种化学药剂对黄顶菊都有很好的杀灭效果。在黄顶菊苗期阶段适时喷药，可有效防除该草。

需要提醒大家的是，一旦接触过黄顶菊，就要严格自检，查看自己是否携带了黄顶菊种子或带有黄顶菊残根残茎泥土，避免使自己成为黄顶菊的传播媒介。

还有，一旦在黄顶菊发生及潜在发生地区看到可疑植物，一定要与相关部门联系，及时处理。

35 指桑骂槐

【释义】 指着桑树骂槐树。比喻表面上骂这个,实际上骂那个。

【出处】 清·曹雪芹、高鹗《红楼梦》:"咱们家所有的这些管家奶奶,那一个是好缠的?错一点儿他们就笑话打趣,偏一点儿他们就'指桑骂槐'的抱怨。"

科普知识

桑和槐是两种常见的树木。

桑也称为桑树,属落叶乔木或灌木,被广泛种植。桑树树冠宽大,树体富含乳浆,树皮是黄褐色。桑树的叶子阔大,呈卵形或卵圆形,边缘有微齿,叶面光滑,颜色通常是深绿色。桑树的果实是浆果,通常呈黑色或紫色,果肉多汁,营养丰富。

桑树原产我国,在全国各地均有栽培,它喜欢温暖湿润的气候,对土壤的适应性强,耐旱,但不耐涝。桑树5月开花，雌雄异株，果熟期为6—7月。

说到桑树，同学们马上会想到古人有在房前屋后栽种桑树和梓树的传统，所以"桑梓"代表故土、家乡。

许多树木是会结果的，桑树也是其一。桑葚不但可以充饥，还可以酿酒，称桑子酒。桑叶可作药用，有疏散风热、清肺明目等功效，还可用于治疗发热头痛、肺燥干咳无痰等病症。桑叶的叶片大、肉厚多汁，是饲养家蚕的良好饲料。

桑木除了可用来做弓、造纸外，还可制造农业生产工具，如桑杈、车辕等。桑树皮可制家具、乐器等。

桑树树叶茂密，也可以作为景观树，它有较强的抗烟尘及有毒气体的能力，适用于城市、工矿区及农村四旁绿化。

槐树是落叶乔木，高可达25米，属于豆科植物，又称为国槐。槐树树干直立，枝叶繁茂，枝条长而稍有弯曲。槐花为淡黄色，可烹调食用，也可作中药或染料。

槐树的果实为荚果，成熟后为棕色，其中含有黑褐色的种子。槐树的根系发达，能够钻入土壤深层，对土壤的保持和固定具有重要作用。

槐树的种类繁多，常见的有国槐、南洋槐、北洋槐、水曲柳、黄槐等。槐树的木质坚硬，重量轻，纹理美观，是一种重要的经济树种。

在缺水地区，槐树因具有耐旱、耐寒的特点，被广泛地栽种，在华北地区尤为多见。

槐树有许多用途，在药用方面，槐叶、槐枝、槐根、槐角（果实）都可用作药材。

在观赏方面，槐的枝叶茂密，绿树如荫，适作庭院树。

在经济方面，槐花为优秀蜜源，其花蕾可作染料，种子可作饲料。其木质富弹性、耐水湿，可供建筑、船舶、枕木、车辆及雕刻等用。其种子可榨油供工业用。

同时，槐树又是防风固沙、用材及经济林兼用的树种，是城乡良好的遮阴树和行道树种，对二氧化硫、氯气等有毒气体有较强的抗性。

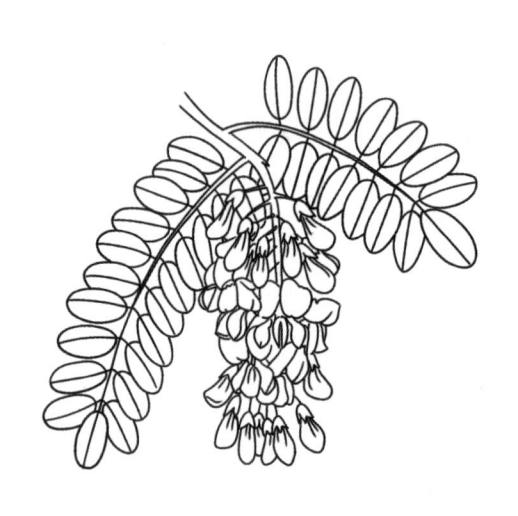

36 投桃报李

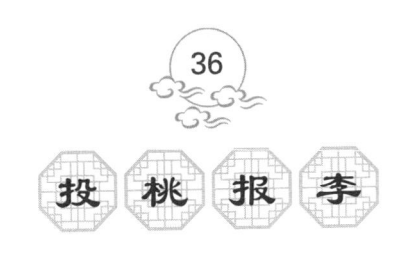

【释义】他送给我桃子，我回敬他李子。比喻相互赠送答谢，友好往来。

【出处】《诗经·大雅·抑》："投我以桃，报之以李。"

明·高濂《玉簪记·诳告》："村家行径，强尼姑向空门结姻。只指望投桃报李，那顾他礼佛看经。"

【近义】投木报琼、礼尚往来

科普知识

桃树原产于中国，属乔木，树冠宽且平，树皮呈暗红褐色。其果实成熟期因品种而异，多在8—9月。

桃子在初长出时呈圆锥形，在其长大的过程中，逐渐形成宽圆形或扁平圆形。桃树树冠主干直立，枝条上下分布不均，整个树体姿态优美。桃树可以通过扦插、嫁接、种子等方式繁殖，它最喜欢温暖湿润的气候，适宜生长在温带和亚热带地区。

公元前2世纪，桃树沿"丝绸之路"从甘肃、新疆经由中亚向西传播到波斯，再从那里引种到希腊、罗马等地中海沿岸各国，后来传入法国、德国、西班牙、葡萄牙。至今，全世界已有近百个国家种植桃树。

桃花是早春最重要的观赏花之一。当桃花盛开期过后，一部分花会自然脱落，余下的花就开始挂果。这些果子长到直径3厘米左右时，其中一些果子仍会脱落，这是植物确保优生的方式。果农为了确保桃子生长，也会将部分发育不佳的果子打掉。

桃子含有丰富的维生素A、维生素C和矿物质，常吃桃子，对人体有益。

桃在中国传统文化中象征着长寿和幸福，被誉为"果中之皇"。桃花也是传统文化中的重要元素，代表着美好的爱情和婚姻。桃核可以榨油。桃树的枝、叶、果、根都能入药。桃树干上分泌的胶质，俗称桃胶，可用作黏接剂等。

李树别名樱桃李，也是我们常见的果树，其高度可达8米。李树原产于中亚及中国新疆天山一带，现已作为果树广泛栽培，在我国大部分地区均有栽种。

李树对气候的适应性强，对土壤的要求不高，只要土层够深，肥力足够，何种土质都可以栽种。它喜欢阴凉湿润的环境，在庭院、公园、校园等公共绿地中非常常见。

李树的叶子从春至秋皆呈现红色，尤以春季最为鲜艳。其花为白色或粉色，是良好的观叶园林植物。李树中最有名的要数紫叶李和黑叶李。

李树结的果子叫作李子，它的别名有嘉庆子、布霖、玉皇李、山李子等。李子多在7—8月间成熟，口味甘甜，大人小孩都喜欢吃。

李子有许多用处，其味酸，能促进胃酸的分泌，并能促进胃肠蠕动，因而有改善食欲、促进消化的作用。李子含有多种营养成分，有养颜美容、润滑肌肤的作用。李子中抗氧化剂含量高得惊人，堪称是抗衰老、防疾病的"超级水果"。

李子可以制成糖水罐头、果酱、果酒、果干及果脯。

从世界范围来看，李子可分为中国李、欧洲李和美洲李。它们的口味有酸甜苦涩之别。从果核来看，有干核、合核及无核之异；就颜色来分，有红、紫、黄、绿、内青外白、内红外青、半红半绿各色。

我国各地的优良李子品种，最有名的是浙江的槜李，平均每果可重达48克，外皮暗紫，果肉橙黄。

37 雨后春笋

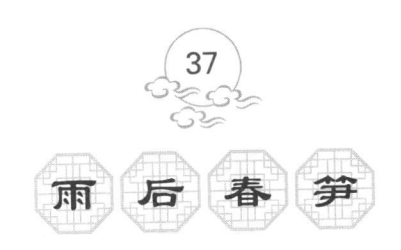

【释义】 春雨过后,竹笋长得又多又快。常比喻新事物大量涌现。

【出处】 清·张鸿《续孽海花》:"人才是愈用愈多,他们的伊藤、陆奥等豪杰,好像雨后春笋,丛生并长。"

科普知识

笋常常出现在我们的餐桌上,它是一种可以食用的植物,尤其是生活在南方的人,一年四季都可以吃到笋。

说到笋,很容易会想到竹,那么笋和竹又是什么关系呢?我们先来了解竹:

竹原产于热带、亚热带,喜温怕冷,主要分布在年降雨量1000—2000毫米的地区。各类竹适合生存的温度稍有不同,毛竹最适合生长在年平均温度16 ℃—17 ℃的环境中,夏季平均温度在30 ℃以下,冬季平均温度在4 ℃左右。麻竹和绿竹适宜生长在年平均温度18 ℃—20 ℃的自然环境里,1月份平均温度要在 10 ℃ 以上。

因为有这样的生存要求，所以在我国南方有许多茂盛的竹林，而北方却较少。

笋是竹的幼芽，它通过地下茎不断发展生长而形成，可以吃，其口感鲜嫩爽脆，营养价值也高。

我们上面说到一年四季都可以吃到笋，也就是说，在任何季节我们都可以收获到笋。如春天破土而出的是"春笋"，春笋最嫩、最鲜，爽脆更是得自天成。我们所熟悉的唐太宗对春笋也很是着迷，每年春笋上市，都要召集群臣共赴笋宴。夏秋时节收获的笋叫"夏笋"。冬天笋藏在土中，叫"冬笋"，冬笋两头尖尖似小船，肉色乳白，壳薄质嫩。冬笋的价格比春笋高。

笋，自古就被当作"菜中珍品"。竹笋含有丰富的蛋白质、氨基酸、脂肪、糖类、钙、磷、铁、胡萝卜素等。其多种维生素和胡萝卜素含量比大白菜含量高一倍多，是优良的保健蔬菜。

可以吃的竹笋有毛竹笋、淡竹笋、麻竹笋、慈竹笋等，共有 80 多种。笋干、笋丝、腌笋、笋脯等都是竹笋加工后的美味食品。

笋类食物富含膳食纤维、多种维生素和矿物质等营养成分，有改善便秘、降低胆固醇、补充人体所需的营养元素等作用。而且，笋类食物的热量相对较低，不会导致肥胖。

需要注意的是，竹笋内含有草酸，在食用前要先将竹笋用盐水焯煮或用开水烫煮，以去除草酸的不良影响。同时，食用笋类食物也应注意个人体质和对食物的过敏反应。

竹笋被誉为人体垃圾的"清道夫"，在吃食方面，春笋、冬笋味道最佳。烹调时无论是凉拌、煎炒，还是熬汤，均鲜嫩清香，是人们喜欢的佳肴之一。

但竹笋单独烹调时有苦味，口感不好，与肉同炒则味道特别鲜美。我们知道的名菜有竹笋香菇炒肉、春笋冬菇汤、鲫鱼春笋汤、干贝煸春笋、五彩笋丝、鸡炖笋、清蒸竹笋、笋炖排骨、油焖鲜笋等。

笋除了食用外，还有许多用处，如中医认为笋味甘、微寒、无毒，在药用上具有清热化痰、益气和胃、治消渴、利水道、利膈爽胃等功效。

● 成语与植物风景

消除挑战
趣味猜谜
历史典故
成语之最

微信扫码

38 万籁俱寂

【释义】籁:从孔穴里发出的声音;万籁:自然界万物发出的声响;寂:静。一切声音都没有了。形容环境非常寂静。

【出处】唐·常建《题破山寺后禅院》诗:"万籁此俱寂,但余钟磬音。"

【近义】鸦雀无声

【反义】人声鼎沸、沸反盈天、人喊马嘶

科普知识

噪声对人们的正常生活和休息影响越来越大,城市化的加快,交通、工业和人口密度的不断增加,使得城市噪声越来越严重。为了消灭或减少噪声,人们想尽了办法。专家发现,植物不能绝对消音,但有些植物可以降低噪声。

这些植物有许多,如杨树、雪松、云杉、水杉、龙柏、珊瑚树、悬铃木、臭椿、女贞、鹅掌楸、香樟、桂花、栎树等。有人做过试验,在20米宽的马路上栽植珊瑚树、杨树、桂花树各一行，可降低噪声5—7分贝。

在这些能降低噪声的树木中，珊瑚树的效果最好。

珊瑚树又名"法国冬青"，结橙红色或深红色的椭圆形核果，远远望去，像串串珊瑚，因此得名。它是常绿灌木或小乔木，高度可达3米。它们通常在街两旁栽种，在我国南方的路旁常能看到一排排矗立的珊瑚树。

珊瑚树枝繁叶茂，但树冠较为矮小。树冠矮小的乔木或灌木远比树冠高大的乔木降低噪声的能力强。

还有女贞，女贞也是一种能降低噪声的优良树种。

女贞别名冬青，枝叶茂密，树形整齐。多栽种于庭院，常作观赏树种。在日本大阪机场的跑道两旁，有4000余棵女贞，专门用来降低噪声。事实证明这些女贞树使噪声降低了4分贝左右。

噪声降低是什么原因呢？起作用的是树叶还是树本身？

科学工作者经过调查发现，树上的叶子并不能吸收声音，真正起到消声作用的是树林下或森林底部的腐烂了的叶层。树干和树枝，可以将部分声音传导到地下被吸收掉。因此，如果有降低噪声的需要，树上落下的叶子不要扫光，要让它们在树底下形成稠密的叶层，这样既能消除噪声，又可促进树木生长。

还有许多植物可以使噪声降低，如仙人掌、茶藨子、亚洲白蜡等。仙人掌以其灵活的形态和耐干旱的特性受到人们的喜爱。仙人掌可以吸收噪声并减少声波的反射。它的特殊形状可以使声波在其表面上反射和散射，从而降低噪声。

在城市绿化时，农艺师们为了遮隔和减弱城市噪声，将绿灌木与常绿乔木树种组合栽种，并设足够宽度的林带，以形成较为浓密的"绿墙"。

总之，降低噪声的植物不仅可以提高室内空气质量，还可以减少噪声对人体的危害。我们可以将这些植物摆放在噪声高的地方，以达到降低噪声的效果。

39 寿比南山

【释义】 寿命像终南山一样长久。

【出处】《诗经·小雅·天保》:"如月之恒,如日之升,如南山之寿。"

【近义】 万寿无疆

【反义】 兰摧玉折

科普知识

百岁兰这种植物,有好几个特点:首先,它是稀少的品种,只有在西南非洲的狭长近海沙漠才能找到,且在大自然中几乎举目无亲;其次,它的存在时间久远,是与恐龙同时代的植物,更是极其珍贵的孑遗植物;最后,它的一生就长两片叶子,雌雄异株。别看叶子少,它的每片叶子都可以活百年,甚至千年。人们称其叶为叶中"老寿星"。国际植物学把百岁兰列为世界八大珍稀植物之一。

百岁兰也叫万代兰,取其有顽强的生命力之意。百岁兰生长在近海的沙漠中，这里有大量的海雾，雾会形成重重的雾水落下来，这些雾水能源源不断地为百岁兰提供水源。百岁兰的根又直又深，可以从地下吸收到水分，所以百岁兰不怕干旱，一年到头都保持着生机勃勃的活跃状态。

百岁兰是植物界的活化石。它经历了地球多年的气候、地质变化后，那些和它一样起源于中生代或者更久远的大部分植物都已经灭绝，存活下来的那一小部分只生长在地球上很少的区域之内。

百岁兰的茎高不超过20厘米，周长却有4米左右，看上去好像一个矮树桩。它的两片真叶长出后，只会越长越大，永不另长新叶。

百岁兰叶子生命的结束也意味着百岁兰生命的结束，二者的寿命是相同的。有的百岁兰的叶子有两三米长，35厘米宽，就像一条又宽又长的绿色皮带。

百岁兰的叶子寿命虽长，但终究是有限的。从其幼叶伸展开始到叶的衰老、枯萎、脱落，这段时间叫叶的寿命。百岁兰叶子基部有一条生长带，位于那里的细胞有分生能力，它们会不断产生新的叶片组织，叶片随之不停地长大。百岁兰叶子前端或因气候干燥而枯死，或因风沙扑打而断裂，或因衰老而死去，但只要它最基部的生长带没有被破坏，损失的部分很快会由新生部分替补，所以百岁兰仅有的两片叶子始终不凋的秘密在这里。

40 空谷幽兰

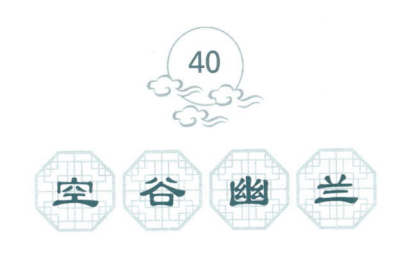

【释义】 幽：幽静，安闲。空无人迹的山谷中幽静安闲地开放的兰花。比喻人品高洁。也比喻隐士。

【出处】 清·刘鹗《老残游记续集》："空谷幽兰，真想不到这种地方，会有这样高人，而且又是年轻的尼姑。"

【反义】 村夫俗子

科普知识

兰花是人们喜爱的观赏花卉，属于兰科植物，约2.5万个品种。根据兰花的习性不同，人们把兰花分成了地生兰、腐生兰和附生兰三类。

地生兰指的是生长在地面上，靠绿叶进行光合作用，靠根系从土壤中吸收水分的兰花；附生兰是指附生在树干或者石头上的兰花，它的根系大多裸露在空气中，靠从空气中吸收水分来维持生命；腐生兰是指生长在已经死亡并且腐烂的植物上的兰花，它从已经腐烂的植物体内汲取营养，不能进行光合作用。

据载,早在春秋末期,越王勾践已在浙江绍兴的诸山种兰。由此算来,中国栽培兰花起码有两千多年的历史。

兰花是多年生草本植物,被看作高洁典雅的象征。其与"梅、竹、菊"并称为"四君子",颜色有白、纯白、白绿、黄绿、淡黄、淡黄褐、黄、红、青、紫等。兰花一般在春季或夏季开放,有些品种则是几乎全年不停地开花。

从结构上看,兰花有其特别之处。我们通常见到的花由花梗、花托、花萼、花冠、雌蕊群和雄蕊群等几部分组成。但兰花却不是这样。兰花主要由外轮花被片、内轮花被片、合蕊柱、唇瓣、下位子房等部分组成。

兰花唇瓣的作用是吸引昆虫来传粉并为昆虫驻足提供平台。

南宋的赵时庚写成的《金漳兰谱》,可以说是中国保留至今最早的一部研究兰花的著作,也是世界上第一部兰花专著。明代医药学家李时珍的《本草纲目》中也对兰花的释名、品类及其用途进行了比较完整的论述。达尔文说,兰花是他见过的最有趣的生物。

1987年在全国十大名花评选中,兰花仅次于梅花、牡丹、菊花,名列第四。兰花被河北省保定市、福建省龙岩市、贵州省贵阳市、云南省保山市选定为市花。

1988年12月25日，中国邮电部发行了一套名为《中国兰花》的特种邮票。

兰花的花色淡雅，呈嫩绿、黄绿者居多，但尤以素心者为名贵。兰花的香气，清而不浊，一盆在室，芳香四溢。"手培兰蕙两三栽，日暖风微次第开。坐久不知香在室，推窗时有蝶飞来。"文徵明这首《题画兰》将兰花的幽香表现得淋漓尽致。

自古以来中国人民爱兰、养兰、咏兰、画兰，古人曾有"观叶胜观花"的赞叹。人们更欣赏兰花以草木为伍，不与群芳争艳，不畏霜雪欺凌，坚忍不拔的坚毅气质。

41 闭月羞花

【释义】 使月亮躲藏了起来,使花儿含羞。形容女子容貌美丽。

【出处】 宋·古杭才人《宦门子弟错立身》:"看了这妇人,有如三十三天天上女,七十二洞洞中仙。有沉鱼落雁之容,闭月羞花之貌。鹊飞顶上,尤如仙子下瑶池;兔走身边,不若姮娥离月殿。"

【近义】 花容月貌、沉鱼落雁、国色天香

【反义】 其貌不扬

科普知识

含羞草的形状似绒球,又称感应草、喝呼草、知羞草等。它的叶子会对热和光产生反应,在受到外力触碰时,会马上闭合,因此得名含羞草。如果在草丛中看到它,你会发现它的外表与普通的草差不多,倒是它的名字,听上去有些美感,这个名字用了拟人化的语法表示。

盛夏以后，含羞草会开花，花的颜色为白色或粉红色，花期多在9月。

含羞草有一种很特别的本领，它可以预兆天气晴雨的变化。

如果我们用手来触摸含羞草，你会发现它的叶子会迅速闭合。等它再张开时，如果速度缓慢，就说明天气会转晴。如果触摸含羞草时，其叶子收缩得慢，下垂迟缓，甚至稍一闭合又重新张开，这说明天气将会转阴或者快要下雨了。

这是为什么呢？

原来含羞草叶子的颈部有一个小鼓状的薄壁细胞组织，这个组织称叶褥，里面充满了水。当你用手触及含羞草叶子时，叶子会产生振动，叶褥下部细胞里的水分会立即向两侧转移，此时，叶褥下部便瘪了下去，但上部却鼓起来，叶柄便因此下垂了，叶子亦闭合了。

叶子的闭合与张开，是由叶褥的膨压作用所引起的。在空气湿度很小时，叶褥的膨压作用明显，叶子的闭合与张开速度快。在空气湿度很大时，叶子的开合速度便会慢。

含羞草的这种特殊本领从哪来呢？这要从它的老家说起。含羞草的老家在巴西，那里常有大风大雨。当第一滴雨落到含羞草的叶子上时，它会立即闭合叶片，下垂叶柄，以躲避狂风暴雨对它的伤害。久而久之，这成了它适应外界环境变化的一种反应。另外，含羞草的运动也是一种自卫方式，动物稍一碰它，它就合拢叶子，动物会因此受惊吓而退去。

从荒地到花园，含羞草都可以生长，它并不需要特别养护，能够适应各种环境。

但是，含羞草受到外界刺激叶子就会闭合的特性，会打乱含羞草的生长节奏，这在一定程度上会影响含羞草的正常生长。

含羞草有极佳的观赏价值，当它的叶子打开时，我们可以看到它舞动的身影，它像是一个谦虚的舞者。当它的叶子关闭时，你也能在惊叹过后感受到它的静谧。

在医疗方面，据说含羞草可以治疗一些皮肤疾病，如水痘和疱疹。此外，含羞草还有助于缓解一些心理障碍，如焦虑和抑郁。

41 闭月羞花

42 豆蔻年华

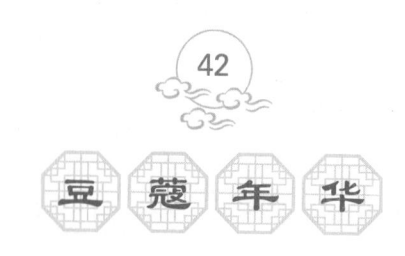

【释义】 豆蔻：植物名。豆蔻开花的时期。指女子十三四岁。

【出处】 唐·杜牧《赠别》诗："娉娉袅袅十三余，豆蔻梢头二月初。"

【近义】 破瓜之年

【反义】 桑榆暮景、风烛残年、徐娘半老、人老珠黄

科普知识

古代所称的"豆蔻"是指女孩的年龄在十三四岁，诗文中常用以比喻少女，如陆游《小园春思》中写道："小轩愁入丁香结，幽径春生豆蔻梢。"

豆蔻，在许多古书上都有过介绍，如《唐本草》《海药本草》《本草图经》中都有记载。《中国药典》也把它当草药收录了。

豆蔻秋季结果，它的果实呈扁球形，种子像石榴籽，可

入药，有香味。

豆蔻多栽培于树荫下，在我国海南、云南和广西等地均有栽培。

按产地不同豆蔻可分为原豆蔻和印尼白蔻。

原豆蔻：外果皮为1列扁长方形薄壁细胞；中果皮薄壁细胞类圆形、长圆形，内侧有外韧型维管束；内果皮为1列长方形薄壁细胞，排列整齐。

印尼白蔻：外果皮细胞较大，长20—40微米，宽约12微米；中果皮薄壁组织较厚；内果皮细胞壁较薄。

豆蔻是多年生草本，株高1.5—3米，花期4—6月，果期6—8月。豆蔻在育苗方面有选址要求，适合选择靠近水源、排水良好、疏松肥沃的砂壤土作苗床。栽种前要翻耕土壤，清除草根石块、细碎土块，最后要准备好腐熟牛粪或堆肥作基肥。

豆蔻的种植地要选择海拔700米以下的山地中下部缓坡地，要有一定数量的常绿阔叶树，在冬季寒流影响较小，坡向为东南向，两面有山或三面环山的山沟或水边不易冲刷的地方，并有腐殖质丰富的砂壤土。

每年8月初至9月，豆蔻随收随播种。如种子量少，播种前要催芽，可用种子4倍的湿沙混合后置于盆中，保持湿润，在30 ℃—35 ℃气温下，一般十多天即可出芽，此时再取出播种。

在用作调味料方面，冠"豆蔻"之名的调味料有3种，豆蔻、草豆蔻和肉豆蔻。豆蔻，气味苦香，味道辛凉微苦，烹饪时加入豆蔻可去异味、增辛香，常用于卤水以及火锅等。草豆蔻，也是一种香辛调味料，可去膻腥味、怪味，为菜肴提香。在烹饪中可与豆蔻同用或代用。豆蔻的叶子，在四川、贵州等很多地方被用来包黄粑，有一种特别的香味，和豆蔻花的味道一样。

在临床上，豆蔻与苍术、半夏、陈皮等同用，可治湿阻气滞；与厚朴、枳壳等同用，可治气滞胸闷之症；与滑石、苡仁、通草等同用，可治湿重者；与半夏、藿香、生姜等同用，可治胃寒呕恶；与砂仁、甘草等共研细末，可治小儿胃寒吐乳。

豆蔻的用处很大，它在食品和药品行业中，都被广泛地应用。

顺藤摸瓜

【释义】 顺着瓜藤去摸瓜。比喻循着线索去寻根究底。

【出处】《民主与法制》1982年第7期:"在对陈二妮之死一案的深入调查中,更有顺藤摸瓜,紧紧地抓住了他的狐狸尾巴。"

【近义】 沿波讨源、寻踪觅迹、拔树寻根

科普知识

藤本植物是我们常见的攀缘植物,多会成片成片地长在墙壁上,起着装饰作用,能使空旷的地方变成一大片美丽的风景。

造园时,常用到藤本植物。这是因为用于园林绿化的面积愈来愈小,充分利用攀缘植物进行垂直绿化,才能节省绿化空间,增加城市绿量,提高整体绿化水平。这是改善生态环境的重要途径。

为什么会出现这种植物？通过观察我们可知，它们的茎多细长，不能靠自身直立生长，要依附他物而向上生长。

按茎的质地，藤本植物可分为草质藤本和木质藤本。草质藤本有扁豆、牵牛花、芸豆等；木质藤本植物更多一些，它们有木香、野蔷薇、忍冬、紫藤、葡萄、爬山虎、常春藤等。

按照攀附的方式分，有缠绕藤本、吸附藤本、卷须藤本和蔓生藤本。

缠绕藤本有紫藤、金银花、何首乌。吸附藤本植物，常见的有凌霄、爬山虎、五叶地锦。卷须藤本有丝瓜、葫芦、葡萄。蔓生藤本有蔷薇、木香、藤本月季。

还有一种特殊的藤本蕨类植物，叫海金沙。海金沙不靠茎攀爬，而依靠不断生长的叶子，逐渐覆盖攀爬到依附物上。

如果你问，藤本植物在一生中都需要借助其他物体生长或匍匐于地面吗？非也，有的藤本植物的形态会随着环境而变。如果有支撑物，它会成为藤本，反之，如果没有支撑物，它会长成灌木。

藤本植物的种植分春、秋两季进行，秋季以10月到11月中旬为宜，春季以3月下旬到5月上旬为宜，植株开始生长时尤为适宜。新生的枝条会在生长过程中缠住支撑物，坚固的柱子和藤架都是良好的支撑物。

藤本植物中白藤最长，它在热带、亚热带森林里的许多大树上缠绕，看上去像一根又细又长的长鞭。白藤茎干有小酒盅口那样粗细，有的还要细些。白藤的茎的上部直到茎梢都又长又结实，在较长的节间长满了又大又尖且往下弯的硬刺。

当白藤爬上大树顶后，还会继续生长，但此时已经没有了攀缘物，致使越来越长的茎往下坠，以大树当作支柱，在大树周围缠绕成无数个圈。白藤的茎特别长，而且很纤细，可以说是植物王国里的"瘦长个子"。

藤本植物也被广泛应用于园林景观、植物采集、药用和食用等方面。例如，我们喜爱的葡萄是一种重要的经济作物，可以制成果汁、葡萄酒等；而菜豆，含有丰富的营养成分，可以作为蛋白质和膳食纤维来源；紫藤，还是一种典型的观赏植物，常用于花坛、马路隔离带等场所的美化。

在生态环境方面，藤本植物也发挥着积极的作用。它们的根系可以保持土壤的稳定性，抵御风蚀和水土流失；叶子和枝干能够吸收二氧化碳，净化空气，起到美化环境和改善气候的作用。

硕大无朋

【释义】硕:大;朋:比。大得没法与它相比。形容极大。

【出处】《诗经·唐风·椒聊》:"彼其之子,硕大无朋。"

【近义】无与伦比

【反义】小巧玲珑

科普知识

我们在一年四季里都能看到盛开的鲜花,它们颜色各异,大小不等。那么,你知道世界上最大的花朵是什么吗?

有一种植物,产自马来西亚、印度尼西亚等国家的热带雨林,它是一种寄生植物,名叫大王花。大王花是世界上花朵最大的植物。

大王花的样子很特别,它没有茎也没有叶,一生只开一朵花。这朵花的直径最大可达1.4米,普通的也有1米左右,花朵重量可达50千克。

大王花是一种肉质寄生草本植物，靠寄生在葡萄类的藤本植物上获取营养并生长。它吸取营养的器官退化成菌丝体状并侵入宿主的组织内。

大王花的花朵大得出奇，那它的种子也一定很大吧？事实正好相反，大王花的种子非常小，肉眼无法看到。大王花的种子的传播也很有意思。它的种子带有黏性，当有动物踩上它时，就会被带到别的地方生根、发芽，从而进行繁殖。

大王花盛开时为红褐色，花上面有许多斑点，中央部分像个大脸盆，四周有5片很厚的大花瓣，含有很多浆汁。

大王花除了花朵巨大外，还以气味恶臭著称。这种举世无双的大花朵，刚开的时候还有一点香气，可过不了几天就臭不可闻，与它那雍容华贵的外表极不相称。不过这种强烈的腐肉般的恶臭，也有它的功能。它能使某些喜欢臭味的小蝇闻臭而来，为它传粉，繁衍后代。

大王花生长在热带地区，由于没有四季之分，所以在一年中任何时候都会冒芽。每年的5—10月是大王花的主要生长季，当它刚冒出地面时，只有乒乓球大小，经过几个月的缓慢生长，花朵可长到甘蓝菜般大小，然后5片肉质的花瓣便会缓缓张开。大王花的花完全绽放要用两天时间。

大王开化的花期很短，花朵一旦盛开，只持续4—5天就会枯萎，慢慢变成一摊黑色的腐烂物，它的种子就在这摊腐烂物中形成。

灿烂的花结出了腐烂的果实，这也算是植物界的一个奇观。

目前，我们还没有掌握大王花的繁殖方法，只能依赖自然传播。长出大王花的地方土地一般都比较肥沃。

近年来，大王花数量逐渐减少，做好保护工作显得尤为重要。目前被确定的大王花品种共有 16 种，都生长在东南亚一带。

45 疾风知劲草

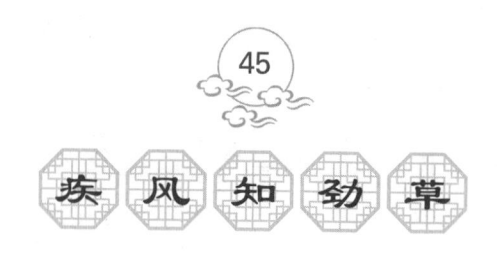

【释义】 疾：迅速，猛烈。劲：有力量，坚韧。在猛烈的大风中，才能知道坚韧的草挺立不倒。比喻在严峻的考验中，才能显出人的坚强。

【出处】《东观汉记·王霸传》："上谓霸曰：'颍川从我者皆逝，而子独留，始验疾风知劲草。'"

科普知识

我们会说花开花谢，但一般不说草开草谢。那是因为在生活中，草几乎是随处可见，甚至可以说是铺天盖地。

春天来了，你会发现最先萌芽生长的植物就是草。野草具有顽强的生命力，无论人们如何对野草进行铲除，在来年的春天总能再见到它们的身影。

为什么野草总除不尽呢？

自然界中的野生植物往往比人工栽种的植物具有更强的生命力，野草更是如此。无论火烧、刀割，抑或人们对其进行"除根",野草总能再一次铺满大地。因为野草有超强的繁殖能力。

一年生、二年生及多年生的野草都通过尽可能多地繁殖种群的个体数量来适应环境,从而使种群壮大起来。野草通过繁殖,能产生大量的种子,其结实的能力比农作物高几倍至几十倍。

比如我们常见的野草马齿苋。它是一年生草本,全株无毛,茎平卧,伏地铺散,呈淡绿色或带暗红色。全国各地均有,生命力强,菜园、农田、路旁、田间都能看到它。它的繁殖方式为种子繁殖,其种子籽粒极小,播后保持土壤湿润,7—10天即可出苗。

野草的种子靠什么传播?它能借助风力、水、人、畜等进行传播,这种易于传播的特性使野草的分布范围十分广泛。

野草的种子寿命很长,可连续在土壤中多年不失发芽能力。稗子在水中可存活5—10年;狗尾草可在土中休眠20年;车前子、蓟的种子可存活30年;豚草、独行菜等野草的种子可存活40年以上;马齿苋种子可存活100年左右。

许多一年生野草,虽然主要靠产生种子来繁殖,但也能在其营养生长期间进行营养繁殖。在除草过程中有些野草的植株被切断后,残茎上会生出不定根,进而发育为新的植株。

如果草坪中没有做好除草工作，致使杂草开花繁殖，必将留下数亿甚至数十亿粒种子，那么这些野草在3—5年内就很难除尽了。

野草只要有残茎，就能繁殖生存的顽强生命力，使野草获得了古今很多文人墨客的赞美。有许多关于野草的名诗佳句流传下来，如："野火烧不尽，春风吹又生""苔痕上阶绿，草色入帘青""天街小雨润如酥，草色遥看近却无"等等。

46 轻于鸿毛

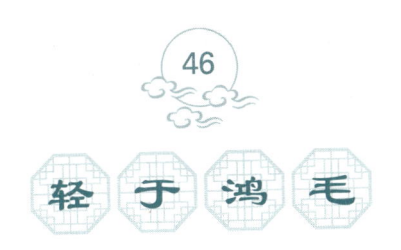

【释义】 鸿毛：大雁的毛。比大雁的毛还轻。形容价值极轻或毫无价值。多形容死得没有价值。

【出处】 汉·司马迁《报任安书》："人固有一死，或重于泰山，或轻于鸿毛。"

【反义】 重于泰山

科普知识

树木在路边、公园、小区随处可见，它们有高有矮、有粗有细。那么你是否知道，世界上最轻的树木是什么？答案是轻木。

轻木原产于南美洲热带地区，属材质特轻的木棉科乔木，外表与白松或椴木相似。轻木的花期在3—4月，为常绿乔木。当地人称它为"巴尔沙木"，其意为"筏子"。

为什么用轻木做筏子？那是因为它密度低，入水后浮力特别大，能装载更多的东西。

轻木是一种常绿中等乔木,生长速度快是轻木的一大特点。轻木被栽种后,头一年就可以长到 5—6 米高。10—12 年生的轻木高度可达 16—18 米,树干周长可达 1.53—1.83 米。其树皮呈灰色,表面光滑、树干高大,叶子像梧桐,5 片黄白色的花瓣像芙蓉花,果实裂开像棉花。

轻木性喜高温、高湿的气候和深厚、肥沃、排水良好的土壤条件。

一根长 10 米,合抱粗的轻木,可以很容易地被人扛起来。轻木的花比较大,呈黄白色,长在树冠上层。轻木结长圆形蒴果,里面有绵状的簇毛,由 5 个果瓣构成。轻木的种子为倒卵形,多呈淡红色或咖啡色,外面密被绒毛,像棉花籽一样。

轻木种子一般在 4—5 月成熟并采收。由于其种子含油量高,易变坏丧失萌发力,一般要求采后当年及时播种。

轻木木材的边材一般为浅黄白色,心材为绿色或浅绿色。轻木的原木端面,密布绿色斑点,径切面显深浅不同的绿色,有细长的深绿色或深褐色条纹;如果为弦切面,由年轮组成的轮廓纹理十分明显。加工后木材表面油性较强,光泽耀眼。

轻木是世界上最轻的商品用材,每立方米仅约重 115 千克,浮力约为软木的 2 倍,适于制造救生圈和救生衣。干燥的轻木比重只有 0.1—0.25，它能隔热，又可隔音，是良好的绝缘材料、隔音设备、救生用品，也是制造飞机的良材。轻木被广泛用于航空、航海、隔音、隔热、室内装饰等方面，效果特别好。

轻木木质细白，虫不吃，蚁不蛀，生长迅速，其树干又高又直，分枝少，叶片大而圆。

在热带雨林里，它好像身着紧身短衣筒裙、系银腰带、撑着绿纸伞的傣族少女，窈窕美丽，亭亭玉立。

47 兔丝燕麦

【释义】 兔丝：即菟丝，一种寄生的蔓草；燕麦：一种野生的麦。像菟丝子那样有丝的名称而不能织布，像燕麦那样有麦的名称而不能食用（古时候，燕麦在我国一直被当作一种野麦，几乎没有食用历史）。比喻徒有其名而无其实。

【出处】《魏书·李崇传》："今国子虽有学官之名，而无教授之实，何异兔丝燕麦，南箕北斗哉！"

【近义】 南箕北斗、徒有虚名、名不副实

【反义】 名副其实

科普知识

兔丝，即菟丝子，又名吐丝子、菟丝实、无娘藤、无根藤。它是一年生寄生植物，茎纤细，呈黄色，直径约1毫米，没有叶子。菟丝有药用价值，始载于《神农本草经》，被列为上品，可补肝肾、益精髓、养肌强阴、坚筋骨等。菟丝子在

中药界非常有名,它不仅可治各种疮痛、肿毒,还能治疗黄疸,效用不胜枚举。

因为菟丝子有重要的药用价值,所以在中药市场上常有以次充好的菟丝子出现。那么怎样来辨别菟丝子的质量呢?通常有以下几种方法:

①纯净的菟丝子呈灰棕色或黄褐色,表面光洁;掺假的表面呈土色,颜色晦暗。

②可取少量菟丝子放入手掌心,用另一只手的拇指用力搓捻,菟丝子质坚实,不易捻碎。如掌心有土末,说明掺有土块。

③取少量菟丝子用沸水浸泡后,表面有黏性,加热煮至种皮破裂时,露出黄白色卷须状的胚,形如吐丝,即为正品。

菟丝生长于海拔200—3000米的田边、山坡阳处、路边灌木丛或海边沙丘,通常寄生于豆科、菊科、蒺藜科等多种植物上。菟丝子对土壤要求不高,适应性较强,生长旺盛。菟丝子休眠越冬后,会在第二年3—6月间温度、湿度适宜时萌发,幼苗胚根伸入土中,胚芽伸出土面,形成丝状的菟丝子。

燕麦在《本草纲目》中称为雀麦、野麦子。燕麦为一年生草本，根系发达，秆直立且光滑，没有叶耳，叶片扁平。

最适宜种植燕麦的地区是温带的北部，它的种子在 2—4 ℃就能发芽，其幼苗能忍受-4—-2 ℃的低温，它在麦类作物中是最耐寒的一种，适合种在富含腐殖质的湿润土壤中。

燕麦麦粒呈长条状，颜色淡黄，用水泡软后会变得黏稠，非常适合制作粥和面食。

在营养价值方面，中国裸燕麦含粗蛋白质达 15.6%，脂肪 8.5%，还有淀粉释放热量以及磷、铁、钙等元素，与其他常见的粮食相比，均名列前茅。燕麦中水溶性膳食纤维分别是小麦和玉米的 4.7 倍和 7.7 倍。

燕麦被广泛用于制作化妆品和药品。据考古专家考察，古代埃及后妃们就有用燕麦水洗浴的习惯。美国、日本、韩国、加拿大、法国等国家，将燕麦称为"家庭医生""植物黄金""天然美容师"等。

燕麦煮粥形成的汤汁，可以直接敷在脸上，或者浸泡压缩面膜后敷脸。

燕麦还有降低血糖、降低胆固醇、降低心脑血管疾病的发生率等功效,有助于预防和治疗糖尿病、高血脂、高血压等疾病。

总之,燕麦是一种健康的粮食,有丰富的营养成分,具有一定的药用价值。

48 数米而炊

【释义】炊:烧火做饭。比喻斤斤计较于琐细的小事,难以成就大事。后也形容为人吝啬或生活困窘。

【出处】《庄子·庚桑楚》:"简发而栉,数米而炊,窃窃乎又何足以济世哉?"

【近义】锱铢必较、斤斤计较

【反义】慷慨解囊

科普知识

提起玉米,相信大家都非常熟悉,夏天的时候,我们常吃玉米,看电影的时候,还会吃爆米花。玉米被誉为长寿食品,含有丰富的蛋白质、脂肪、维生素、微量元素、纤维素等。

玉米是重要的粮食作物和饲料作物,也是全世界总产量最高的农作物,其种植面积和总产量仅次于水稻和小麦。

可你知道玉米是从哪来的吗?它的故乡在美洲,最早栽培玉米的是古印第安人。1492年,哥伦布发现了新大陆,西班牙人将玉米种子带回欧洲,于是"印第安种子"很快传遍世界各地。

16世纪初,外国人将玉米作为贡品献给中国的皇帝,皇帝下令在全国种植玉米。从此,玉米开始在我国广泛种植。

玉米在同样的气候条件下栽培,产量总要高于其他农作物,所以被称为丰收之神。玉米的价格便宜,所含脂肪量比大米高四倍,抗饥饿效果好,是经济困难时期人们的主要食物。

我们在吃玉米前,要先扒开上面的叶子,扒开叶子后会看到玉米须。你知道玉米须是怎么来的吗?

玉米须实际上是玉米的花柱和柱头,也是玉米雌花的一部分。玉米是雌雄同株、异花传粉的植物,它的花粉是靠风来传播的。风把雄蕊的花粉撒向雌蕊,雌蕊授粉后会很快发育成玉米种子。

如果你去田间,还会发现玉米常和大豆一起栽种。你可能要问,两种不同的植物,为什么要种在同一片地里呢?

玉米长得高,喜欢阳光,根扎得不深,需要吸收上层土壤里的养料,主要是氮肥。而大豆长得矮,根扎得深,吸收的磷肥和钾肥更多一些。因此,它们可以和谐共生,不会争夺阳光和养料。

除食用外，玉米还有很多其他方面的用途。玉米粒是制作工业酒精和烧酒的主要原料，玉米秆可用于造纸和制墙板，苞叶可作填充材料和草艺编织材料，玉米轴可作燃料，也用来制工业溶剂。玉米茎叶还是很好的沼气原料。

在药用价值方面，煮过玉米的水具有防感染的功效，白色的玉米胚芽是玉米的精华，对保护心脑血管、抗衰老非常有效。

另外，玉米面加大豆粉，按3∶1的比例混合食用，是世界卫生组织推荐的一种粗粮细吃的方法。

有这样一种说法：拉丁美洲文明是玉米文明，玉米崇拜是墨西哥最重要的文化现象之一。对墨西哥人来说，玉米绝不仅仅是食物，而是神物，是千百年历史中印第安人宗教的崇拜对象。

49 唇齿相依

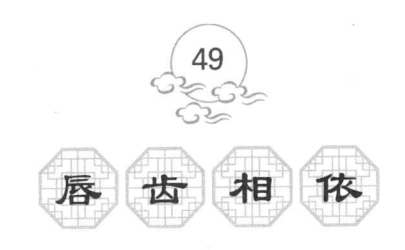

【释义】 像嘴唇和牙齿一样互相依存。比喻关系密切,互相依存。

【出处】《三国志·魏书·鲍勋传》:"王师屡征而未有所克者,盖以吴、蜀唇齿相依,凭阻山水,有难拔之势故也。"

【近义】 唇亡齿寒、辅车相依、休戚相关、相依为命

【反义】 风马牛不相及、势不两立、你死我活

科普知识

植物和动物之间存在着多种依存关系,主要有以下几种:捕食关系、合作关系、共生关系。这些依存关系会在不同的环境下发生,同时也受到人类活动的影响。通过了解这些关系,我们可以更好地保护自然环境和物种的多样性。

植物和动物可以相互受益,构成共生关系。在自然界中,某些植物需要借助昆虫的寄生来繁衍和生长,如果没有了这条途径,这些植物就会在地球上消失。如果这些昆虫得不到

该植物提供的寄生场所或者花粉等，也会灭绝。

有一种叫薜荔的植物，和它相互依存的昆虫是薜荔榕小蜂。薜荔榕小蜂是一种微型小蜂，雌、雄形态不相同，雄株薜荔的花序内有雄花和瘿花两种花，瘿花专供它的伙伴——薜荔榕小蜂产卵、栖身之用。

在瘿花里，薜荔榕小蜂完成幼虫孵化直至成虫。发育成熟的雄蜂和雌蜂分别用自己锐利的牙齿咬破瘿花，然后，雄蜂便爬到雌蜂所在的瘿花里，把尾部插入洞内与雌蜂交尾。雌蜂受精以后便从瘿花内爬出，经过雄花区时，它的身上就沾满了雄花的花粉。

薜荔是一种常绿木质藤本植物，它是雌雄异株的植物，每棵薜荔树都是单性的，不能自己授粉、结果。

交配后，雌虫会急切地寻找它的产卵场所。如果雌虫正好爬到一株雄株薜荔的瘿花内，小蜂便会在这里生长发育继续繁衍后代。如果雌虫进入的是雌花序，雌蜂将充当植物信使，把身上的花粉全擦在雌花的柱头上，完成授粉，然后死在雌花序内。

无独有偶，在南美洲巴西的密林中，有一种高大的蚁栖树。蚁栖树树叶的叶柄很长，叶片呈手掌形，看起来有点像蓖麻的叶子。当地有一种啮叶蚁，喜欢吃各种树叶，但就是不吃蚁栖树的叶子。

人们查找原因，才发现蚁栖树上有一种名叫益蚁的蚂蚁，两者是共栖关系。蚁栖树的茎是中空的，茎的表面有孔，像一根笛子似的，益蚁就在中空的地方生活。当啮叶蚁爬到蚁栖树上来吃叶子的时候，益蚁就倾巢而出，群起而攻之，啮叶蚁抵抗不过，只得逃之夭夭。

更有趣的是，蚁栖树还会论功行赏，用营养丰富的东西来犒劳益蚁。原来蚁栖树的叶柄基部有一丛毛，毛里生有富含蛋白质和脂肪的小蛋形物，益蚁常常把这些"小蛋"搬走当食物吃。当这些"小蛋"被搬走以后，不久又能生出新的来，益蚁就能长期将这种小蛋形物作为食物。

生物界的这些现象，显示出植物与动物之间形成了长期共存的友好关系。

50 奇花异草

【释义】 珍奇罕见的花草。

【出处】 明·凌濛初《初刻拍案惊奇》:"一路奇花异草,修竹乔松;又有碧槛朱门,重楼复榭。"

【近义】 琪花瑶草

科普知识

有一种植物能吃动物,你听了会吓一跳吧。这种植物有个吸取营养的器官,叫捕虫笼。捕虫笼呈圆筒形,下半部稍膨大,笼口有盖子。这种植物因其形状像猪笼而得名猪笼草。

猪笼草是热带食虫植物,主要分布于东南亚的热带雨林里,长在灌木和乔木的枝干上。远远望去,这些枝干上仿佛悬挂着一些形状奇特、颜色艳丽的彩色瓶子。这些"瓶子"的形状有的像胖胖的水罐,有的像细细的凉水瓶,还有的上粗下细,像个大漏斗。这些"瓶子"深度可达30—50厘米,它们虽然形状各异,但有一个共同的特点:瓶口朝上,瓶子的上方有一个支起如遮阳棚的盖子。

猪笼草捕捉飞虫靠的是捕虫笼，捕虫笼内有蜜腺能分泌带有甜味的蜜汁引诱昆虫。昆虫进入捕虫笼后，笼盖并不会像人们想象的那样合上，这是因为捕虫笼内侧的壁很光滑，能防止昆虫爬出。进入笼内的昆虫有蚂蚁，也有一些会飞的昆虫如野蝇和蚊子等。就这样，猪笼草就把这些小昆虫给"吃"掉了。

据说，猪笼草主要生活的沼泽地带的土壤极度缺乏营养，因此猪笼草为了得到它所需要的矿物质，经过长期的进化，便形成了专门用来捕虫的捕虫笼，并以食虫作为重要的营养获取手段。

在东南亚地区，当地人会将米、肉等食材塞入猪笼草的捕虫笼中，放进锅里蒸，蒸熟的饭就叫"猪笼草饭"。

还有一种能捉虫的草叫作捕蝇草。

捕蝇草也是食虫植物，它的捕食工具是"贝壳"形状的捕虫夹。在捕虫夹的叶缘处长有蜜腺，蜜腺会分泌出蜜汁来引诱昆虫靠近。当昆虫进入叶面部分时，碰触到属于感应器官的感觉毛后，捕虫夹就会迅速闭合。生长于叶缘上的刺毛属于多细胞突出物，没有弯曲的功能。当叶子很快速地闭合将昆虫夹住时，刺毛就会紧紧相扣，交互咬合，其目的就是防止昆虫脱逃。

捉住昆虫后，夹子会关闭数天到十数天，此时昆虫被分布于捕虫器上的腺体所分泌的消化液消化。昆虫被消化完后，捕虫器会再度打开，等待下一个猎物。剩下无法被消化掉的昆虫外壳，会被风雨带走。

多数食虫植物的习性是这样：引诱昆虫—捕捉昆虫—利用消化液来分解并吸收昆虫—利用吸收到的养分来维持生长。

猪笼草和捕蝇草等食虫植物给人们带来了不同寻常的体验，也让我们看到了自然生态的多样性和它的神奇。

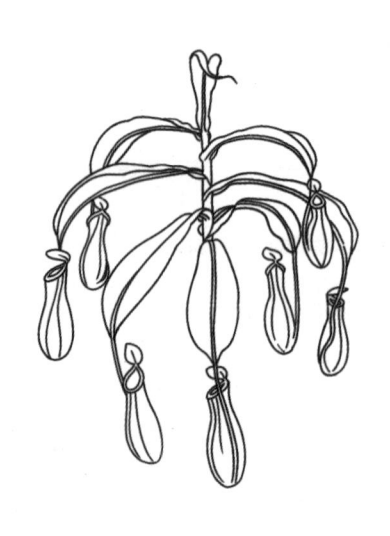

51 断梗飘蓬

【释义】 梗：植物的茎或枝；蓬：一种叫作飞蓬的草本植物，枝茎容易被风吹断而飞转。被风吹断的树枝和飘飞的蓬草。比喻生活漂泊不定。

【出处】 宋·石孝友《清平乐》词："自怜俗状尘容，几年断梗飘蓬。"

【近义】 颠沛流离

【反义】 安居乐业

科普知识

飞蓬是一种常见的草本植物，属菊科飞蓬属。传说它是我国南方三大草王之一，在田间地头常有它的身影。飞蓬是二年生草本植物，茎干独立而生，最高能长到60厘米左右。它的叶子呈披针形，表面上长有很多浓密的毛。它的果实为白色，花朵呈淡红紫色，花期在7—9月。

飞蓬对环境选择不严，以土壤疏松、肥沃、湿润且排水良好为佳。它们多生于山坡草地、牧场及路旁等处，常聚集成大面积生长。易栽培、生命力强，具有一定的观赏价值。小小的飞蓬可以布置于园林中的花坛、篱旁或假山前。

飞蓬的体态及茸毛多变异，相似的品种间都可杂交，如长茎飞蓬、堪察加蓬等。飞蓬的头状花序较小且多，常排列成密集的狭圆锥形花序。

飞蓬草还被誉为"天然药品"，有清热解毒、降血压、降血糖、调整免疫系统等功效，民间常用它来治疗感冒、发热、肝炎等疾病。

除了药用价值之外，飞蓬也有一定的生态价值，能防止水土流失和保持水土湿润。在自然界中，飞蓬还能够提供蜜源和栖息地，吸引许多昆虫、小鸟等野生动物。

《长白山植物药志》中还记载了飞蓬的一些特性，如其根、茎和叶均含鞣质，叶和花中含挥发油。其花和花序可治疗发热性疾病，种子可治疗血性腹泻，煎剂可治胃炎、腹泻、皮疹、疥疮等。《蒙植药志》中也有关于飞蓬在蒙药中的应用。

在中国文学中，飞蓬一词有"野外飘零、身不由己"的象征意义，蕴含着无奈、哀愁与悲叹，是古诗文中常见的意象。飞蓬在古诗文中有两个意义：其一，形容人的头发很乱。

如"自伯之东,首如飞蓬"。这是写一位妻子对远方行役的丈夫深切的呼唤。"女为悦己者容",而"悦己者"在远方不得见,便没了兴致梳妆打扮,头发像蓬草一样杂乱。"飞蓬"在此也有了漂泊不定、无根随风飘动的内涵。其二,形容人的漂泊无定。如"转蓬离本根,飘飘随长风",用"蓬"来比拟自己,这句诗的意思是"转蓬飘飘不定,远离本根和同伴,孤寂无依",表达了作者迁徙不定的痛苦。

近年来,随着城市建设覆盖范围的增加,越来越多的飞蓬被砍伐甚至直接被除草剂喷洒,生态环境受到了很大的影响。为了保护这种非常有价值的野草资源,我们需要加强科学宣传和教育,让更多人了解它的生态价值和药用价值,保护其种群,让飞蓬这种美丽的野草继续生长在大自然中。

52 茕茕孑立

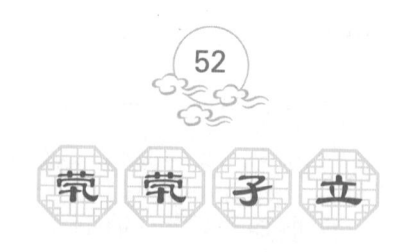

【释义】 茕茕：孤独的样子；孑：孤单。一个人孤零零的，无依无靠。

【出处】 晋·李密《陈情表》："外无期功强近之亲，内无应门五尺之僮。茕茕孑立，形影相吊。"

【近义】 孤苦伶仃、形影相吊、孤形单影

【反义】 三朋四友

科普知识

有一些花被称为最孤独的花，彼岸花和雪莲花是其中的典型代表。

彼岸花的花朵和叶子永远都不能相见，可以说它们彼此都是孤独的。彼岸花的花期在每年8—9月。

彼岸花的另一个名字叫石蒜，是多年生草本植物，深绿色，中间有粉绿色带。

彼岸花的栽种时节为春秋两季，秋季栽种多在温暖地区，春季栽种在北方寒冷地区。彼岸花的栽植深度以鳞茎顶部略盖入土表为宜，栽种后不建议每年起栽。可在栽种后4—5年挖出分栽一次。

栽培彼岸花的地势要高，还要有良好的排水条件，每年施肥2—4次。

彼岸花喜生长于阴森潮湿之地，适合种于偏酸性的土壤中，以疏松、肥沃的腐殖质土最好。彼岸花耐寒性强，喜阴，能忍受的高温极限为日平均温度24 ℃。彼岸花虽然喜湿润，却也耐得住干旱，入秋后应停肥、停水，使其逐步休眠。

彼岸花是东亚地区常见的园林观赏植物。秋天，人们可以欣赏它的花，冬天可以观赏它的叶子。园林中常用作背阴处绿化或林下地被花卉，常见的栽种方式为花境丛植或山石间自然式栽植。因为彼岸花开花时无叶，所以栽种时要注意与其他植物的搭配。

彼岸花有微毒，观赏彼岸花时要注意不要直接触碰它。但它也可作药用，有祛痰、利尿、催吐、杀虫等功效。

雪莲花是高山冰川地区特有的一种植物，生长于高山雪线附近的岩缝、石壁和冰碛砾石滩，多出现在海拔2400—4000米之间的高寒地带。

雪莲花因其顶形似莲花，故而得名雪莲花，简称雪莲。雪莲花有许多品种，如绵头雪莲花、大苞雪莲花、水母雪莲花等。

雪莲花的产量极低，从发芽到开花需要5年左右。花期时种子在山间随风飘散，只有遇到适宜的环境种子才有可能萌发、生长。它的种子在0 ℃发芽，3—5 ℃生长，幼苗能够抵御-21 ℃的低温，但其实际的生长期却不到两个月。

天山雪莲是雪莲花中最好的，每年7—8月是新疆天山野生雪莲花盛开的时节。

19世纪90年代前，新疆部分山区在海拔1800米左右就可以采到雪莲。20世纪后在海拔3500米以下已经难觅其踪了。除了资源总量锐减外，雪莲花花头直径也从30厘米下降到仅10厘米左右。

雪莲花可以食用和泡酒，具有特殊的药用价值。

在喜马拉雅山区域的民间传说中，雪莲花被尊为"雪域之神"。因为它在雪山之巅生长，在艰苦的环境下依旧能茁壮成长，故被誉为不屈不挠的精神象征。

由于雪莲花的生长环境复杂，现今许多地方的雪莲已经受到了严重的破坏，成为了濒危物种。因此保护雪莲已成为重要的生态保护工作之一。

53 暗香疏影

【释义】 形容梅花的香气和姿态。也指代梅花。

【出处】 宋·林逋《山园小梅二首》诗之一:"疏影横斜水清浅,暗香浮动月黄昏。"

【也作】 疏影暗香

科普知识

梅花原产自我国,自古以来,就是我国传统文化中的重要元素,许多文人墨客对梅花青睐有加。咏梅的诗词文章比比皆是,宋代王安石的《梅花》更是为人们所熟知:"墙角数枝梅,凌寒独自开。遥知不是雪,为有暗香来。"

通过这首诗,我们知道了梅花是在冬天开放的。

梅花是蔷薇科李属植物,属长寿树种,寿命可达千年以上。梅花的花朵为单瓣或重瓣,呈五瓣花形,花色一般为白色或粉红色,花径一般不到3厘米。梅花树木形态匀称,树皮呈灰色或暗褐色,树干既有直立状也有扭曲状。

我国植梅的历史已有3000多年,据记载,在春秋战国时期爱梅之风就已盛行。到了汉朝初年,出现了重瓣梅花。南北朝时,扬州、南京一带都是植梅盛地。隋唐时,植梅、咏梅之风更盛。现今天台山国清寺内有一株古梅,据说就是隋朝的遗物。

中国古梅登录在册的共有69株,多数在云南。昆明黑龙潭公园现存多株树龄在300年以上的古梅,以"唐梅"最为著名。湖北黄梅有一株晋梅,树龄有1600多岁。前文提到的浙江天台山国清寺的隋梅,树龄有1400多岁。

其实,真正在严冬开花的不是梅花,而是蜡梅。蜡梅,别名腊梅、蜡木、黄梅、香梅等,树高可达3米。李时珍在《本草纲目》中解释道:"此物本非梅类,因其与梅同时,香又相近,色似蜜蜡,故得此名。"

我国的梅花每年从12月到次年4月,从南到北次第开放。乍寒乍暖的时节,所有的花都枯败,而梅花却开得精神抖擞。

梅大体上可分为食用梅和观赏梅两类,当然也有二者兼备的品种。

中国古代文人,视赏梅为一件雅事。赏梅贵在"探"字,品赏梅花一般着眼于色、香、形、韵、时等方面。

踏雪赏梅也是人们的一大乐趣，我国的赏梅胜地很多，著名的有无锡的梅园、成都杜甫草堂的梅园、重庆的南山、昆明的黑龙潭、上海的淀山湖、青岛的中山公园等。

而南京梅花山，既是江南著名的赏梅胜地，又是全国规模最大、品种最多的艺梅基地。杭州孤山的梅花，在唐代就已有闻名，到宋代植梅规模达到鼎盛。江浙一带更是梅闻天下，被称为香雪海的苏州邓尉的梅花，就是宋代开始种植的。现在在杭州超山还有800年前的宋梅。

梅花多在庭院、草坪、低山丘陵栽植，可孤植也可丛植、群植。我们在花盆中也可以种植梅花，可以修剪成各式盆景，也可将整枝梅花插瓶供室内装饰用。

梅花常被拉去和别的植物做伴，如它与兰花、竹子、菊花一起列为"四君子"；与松、竹并称为"岁寒三友"。可见人们因对梅十分喜爱，所以给了它诸多身份。

53 暗香疏影

54 望梅止渴

【释义】 口渴时想到梅子，流出口水，就不渴了。比喻用空想来安慰自己或别人。

【出处】 南朝宋·刘义庆《世说新语·假谲》："魏武行役失汲道，军皆渴，乃令曰：'前有大梅林，饶子，甘酸可以解渴。'士卒闻之，口皆出水，乘此得及前源。"

【近义】 画饼充饥

科普知识

望梅止渴中的梅，是指梅子，是果梅树结的果。梅子的外部呈漆黑色，内部则是鲜艳的黄色或者橙色。

梅原产于中国南方，也以中国的种植量最大。梅是花、果兼用的植物，它在早春还没长叶子时就已开花，此时大多数植物还处于冬眠期。梅树开花后挂果，初夏时节进入采摘期，未熟的梅子果色为青色，称为青梅，成熟后其内部呈黄色，称黄梅。在江南，当青梅变成黄梅的时候是多雨的季节，因而此时被称作黄梅天,下的雨被叫作黄梅雨或梅雨。

不论是青梅还是黄梅,味皆极酸,所以梅子很少生食,大多用来加工为蜜饯。成语"望梅止渴"之说,出自《世说新语》:当年曹操率军远征,炎日高照,士兵口渴难行,曹操对士兵们讲,前面就是一片梅林,到那里后可以扎营。士兵们一听到梅林后,口皆出水,梅子之酸可想而知。于是梅子又叫作"止渴将军"或"曹公"。

梅子不宜生食,又难以保鲜,古代常以梅子的酸味作为调味料,所以梅子又叫作和羹宰相。

《本草纲目》把青梅的加工品叫作乌梅。乌梅的制作方法有两种:一种是把梅子平铺在竹篮里,然后用烟将其熏干熏黑;另一种是将含有盐的稻草灰与梅子进行搅拌,再放入蒸笼里蒸熟,蒸熟后的青梅色泽变黑,故称乌梅。

乌梅可以长期保存,是日常生活中的调味料,也是熬煮"酸梅汤"的主要原料。酸梅汤是夏日解渴防暑的重要饮料之一。梅子的果实较小,核也细小,以梅子加工的蜜饯中,当以话梅最为有名,其制作工艺就是将青梅加工成乌梅,再用盐渍后收缩水分,用糖、香料拌和腌制后放入蒸炉中烘焙。为什么叫话梅?一种说法是话梅以酸为主,香甜次之,食时能生津,可以使声音嘶哑者改善发声,方便讲话,故称话梅;

另一种说法认为话梅就是乌梅的再加工,在江南方言中,"话"字与"乌"字发音十分相近,所以话梅就是乌梅。

梅子可以鲜食,也可以制作梅子茶、梅子酒等。梅子富含维生素,可有效预防感冒。此外,梅子还具有保健作用,有降低血压、降胆固醇、预防血液凝固等功效。

上海以前许多饮品店到夏天都会供应酸梅汤,上海的工厂也以冰镇酸梅汽水作为防暑降温的主要饮料。不过根据规定,在酸梅汤中必须加入一定比例的盐,这样一来,防暑的作用大了,但口感却差了许多。

似是而非

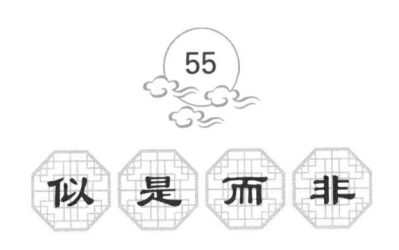

【释义】 似：似乎，好像；是：对；非：不对。好像对，其实不对。

【出处】《庄子·山木》："周将处乎材与不材之间。材与不材之间，似之而非也。"

汉·王充《论衡·死伪篇》："世多似是而非，虚伪类真，故杜伯、庄子义之语，往往而存。"

科普知识

有些植物的名字，常会让人误解它的实际情况。比如面包树，如果你之前从未听说过它，是不是会以为这是一棵结面包的树？实际情况并不是这样。

对这种植物，《华阳国志》中就有记载："自梁水、兴古、西平三郡少谷。有桄榔木，可以作面，以牛酥酪食之，人民资以为粮。"其中的桄榔木指的就是面包树。

面包树是一种热带水果树，常绿乔木，高可达10—15米。原产于南太平洋地区。它的果实外形像面包，因此得名"面包树"。一棵面包树一年大约可结200颗果，是食用植物中产量最高的种类之一。

面包树的果实可以生吃，也可加工制作成各种美味的食品，如面包、糕点、馅饼、沙拉等。用面包树做的小船是萨摩亚人最主要的交通工具。用面包树建的房子，可以住上50年。萨摩亚人甚至还用面包树的树皮做绳子和各种生活用品。

如今，中国南方有些公园也种有面包树，它们只作观赏用。面包树适合作为行道树、庭园树木栽植。

据史书记载，18世纪中叶时，在英国的殖民地西印度群岛，由于只种甘蔗，黑人因粮食不够，闹过大饥荒。为此，英国殖民者采取了补粮措施，下令去南太平洋的车塔希提岛采集面包树苗运到西印度群岛种植。通过面包树的种植，解决了当时的饥荒问题。

容易因为名字而让人产生误会的植物还有断肠草。断肠草并非专指一种植物，而是十余种中药材或植物的名称。如胡蔓藤、毒根、山砒霜、黄藤、雷公藤、麻醉藤、钩吻、火把草、水莽草等都属于断肠草中的一种。

单从其名字上看，人们必然会产生"断肠草真的可以断肠吗"的疑问。

其实这个名字的来源和神农氏有关。神农氏是中国的农业之神，传说他有着一副透明的肚肠，能清楚地看见自己吃到腹中的东西。为了寻找能解除群众疾病苦痛的药材，他常年奔走在山林原野间，遍尝百草。神农氏尝了很多有毒的叶子，都能化险为夷。直到有一次，神农氏在一个向阳的地方发现了一种叶片相对而生的藤，这种藤上开着淡黄色的小花，于是神农氏就摘了片叶子放在嘴里咽下。这种草毒性很大，毒性很快就发作了。神农氏还没来得及吞下那些解毒的叶子，就看见自己的肠子已经断成一截一截的了。所以导致神农氏死亡的这种植物就被人们称为断肠草。这个传说中的断肠草实际上是钩吻，属胡蔓藤科植物，其主要毒性物质是胡蔓藤碱。

有不少断肠草都可入药，有一些断肠草的根有清热解毒、镇痛、安神的功效，也有一些断肠草的花朵可入药，常用于抗菌、消炎、止痛、安神等方面。

总之，断肠草在使用时，有许多禁忌，需要特别注意用量和方法，以避免发生不适和中毒。

56 明哲保身

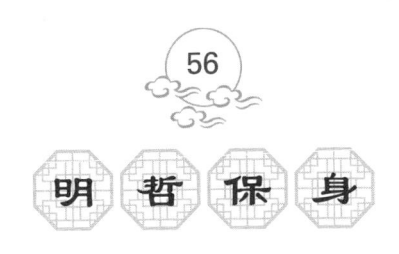

【释义】 明哲：明智，洞察事理。原意是明白事理的人能够保全自己，现指回避斗争来保全个人利益。

【出处】《诗经·大雅·烝民》："肃肃王命，仲山甫将之；邦国若否，仲山甫明之。既明且哲，以保其身。"

唐·白居易《杜佑致仕制》："尽粹事君，明哲保身，进退始终，不失其道，自非贤达，孰能兼之？"

【近义】 独善其身、洁身自好

【反义】 奋不顾身

科普知识

植物是人类生存和发展不可或缺的生命体，常常被用于食物、药物、工业等方面。然而，植物要保护自己免受外界威胁，仍然需要依赖各种自身的生物和非生物机制。

在危险处处存在的大自然中，植物为了生存下去，不得不随时提防敌人的突袭。为了防身，它们采取了许多自保的措施。

比如，烟草、大麻的叶片上，长着浓密的茸毛，它们构成了阻挡细菌进入的一道屏障。那些企图入侵的细菌，在这道屏障中会如入迷魂阵，常会因迷路"饥渴而亡"。这是植物通过物理方式来保护自己。有些植物还会用伪装的方式来保护自己。汉堡树叶子的形状和颜色类似于翠鸟的羽毛，可以迷惑天敌从而保护自己。类似地，一些植物采用其他的化学和物理机制，将它们的花和果实藏在周围的花和果实中，以防止被天敌袭击。

有些植物会随身携带"武器"。小檗的叶子边缘有叶刺；洋槐的叶托会长尖刺；茅草叶缘上的锯齿，能整齐而省力地切割物体；麦穗成熟后直立，麦穗顶端会长芒针；蚕豆叶面上有一种锋利的钩状毛，叶蝉一爬上蚕豆叶面，就会被钩状毛缠住，最终因动弹不得而饿死；棉花植株的软毛，能抵挡叶蝉的进犯；大豆的针毛，能抵制大豆叶蝉和蚕豆甲虫的进攻。这些都是植物对付动物吞食的矛和盾。

植物们不仅能自我保护，有时还能对入侵者进行反击。

在秘鲁千多拉斯山里长着一种高度不足半米，花却有脸盆大小的野花。这种野花每朵花有五个花瓣，每个花瓣的边缘上都长满了尖刺，这种尖刺就是它的自保武器。一旦有人或动物触碰到它，它就会将花瓣猛地弹开，触碰者轻则流血，重则会留下永久的伤疤。

非洲的马达加斯加岛有一种树，形似一棵巨大的波罗蜜，高约3米，树干呈圆筒状，枝条如蛇，当地人称其为"蛇树"。这种树极为敏感，一旦有人或动物碰到它的树枝，就会被它视作敌人并很快将其缠住，轻则脱皮，重则有生命危险。

在南美洲的热带森林里，有一种酷似南瓜的植物，叫马勃菌。它圆圆的，一个有几千克重，如果你不小心踩上它，它便会"砰"的一声炸开，释放出黑色的浓烟来，让你又打喷嚏，又流眼泪。当然，马勃菌的这种本领除了能吓退侵犯它的敌人外，还是一种繁殖手段，它释放出来的黑烟就是马勃菌的粉孢子，粉孢子随着"催泪弹"的爆炸而四散飞扬，播种八方。

植物的防御机制可以说是非常复杂和多样化的，有不少种类的植物都有自己的防御方式。对于植物生态学家和生物学家们来说，研究这些机制和防御策略的广泛性是一项激动人心的挑战。

沧海桑田

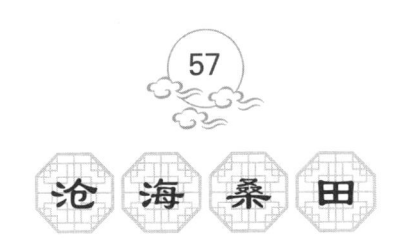

【释义】 大海变成桑田,桑田变成大海。比喻世事变化巨大。

【出处】 晋·葛洪《神仙传·麻姑》:"麻姑自说云:'接侍以来,已见东海三为桑田。'"

【近义】 白衣苍狗、瞬息万变

【反义】 一成不变、依然如故

科普知识

烟草: 1492年10月12日,哥伦布踏上美洲海岸,这一天,他写下了对烟草的最初认识:"发出独特芬芳气味的黄色干叶",这个黄色干叶就是烟草。

哥伦布返航后,把烟草带到了西班牙、葡萄牙,接着又传到欧洲其他地区。1575年左右,西班牙人用一艘大帆船将烟草运到菲律宾种植,烟草迅速成了赚钱的农作物。1580年,烟草又经葡萄牙人传入土耳其,随后辗转进入伊朗、印度、日本等国。

16世纪的欧洲，几乎所有医生都把烟草当作"神药"，迷信地认为它可以治疗黑死病。据说英国伊顿公学每天早晨都会用鞭子逼着孩子吸烟以躲避瘟疫。

今天，全球烟草制造业已经成为一个巨大产业，是许多国家的重要税收来源之一。

茶叶：中国是最早熟知茶叶的生产及加工技术的国家。阿拉伯人通过丝绸之路获得了中国的茶叶后又将茶叶带到欧洲。

在当时的欧洲，饮茶是贵族生活的一部分。17世纪初，英国东印度公司花了整整66年时间，取得了与中国人从事茶叶贸易的特许经营权。

从此，东印度公司每年要从中国进口4000吨茶叶，但只能用白银购买。后来，英国用于购买茶叶的白银日渐稀少，为筹措白银，东印度公司开始向中国非法输入鸦片。

1848年，东印度公司派人前往中国，带回了2万株小茶树、超过1.7万粒的茶种还有8个中国茶叶工人和茶农。

此后，印度茶叶开始取代中国茶叶登上贸易舞台。

甘蔗：交通是导致许多重大事件改变的重要因素。在新航路开辟后不久，西班牙、葡萄牙等国开始在加勒比海地区种植甘蔗。英属巴巴多斯岛上有 900 多处甘蔗种植园。随着甘蔗产量的快速增加，糖的价格急剧下降，糖得以进入千家万户。但甘蔗的栽培需要大量劳动力，据统计，在 16 世纪以后的 300 年间，从非洲贩卖到美洲从事包括种植甘蔗在内的奴隶高达 1170 万人。

土豆： 土豆原产于南美洲的安第斯山，它随着新航路的开辟来到欧洲，并传播到世界各地，成为世界第四大农作物。过去在欧洲，一亩土豆田和一头奶牛就可以养活一家人。

1756—1763 年，欧洲发生"七年战争"。尽管法国、奥匈帝国和俄国多次入侵普鲁士，摧毁地表农作物，但普鲁士人却靠生长在地下的土豆躲过了灾难。

土豆的亩产量高，是谷物的三到四倍，因而能够代替谷物满足不断增长的食物需求。在俄国和东欧，土豆曾一度代替了面包，成为贫穷百姓的主要食物。

58 开疆拓土

【释义】疆：边疆。土：国土。指开拓、扩展国土。现也泛指拓展某项事业。

【出处】清·无名氏《说唐》:"况我累代将门,若得志斩将搴旗,开疆拓土,也得耀祖荣宗。"

科普知识

在植物界里,苔藓植物同地衣、蓝藻一起被称为"拓荒者"。

苔藓结构简单,是小型植物,通常生长在石头、树皮,或者是湖泊、河流沿岸、湿地等潮湿的环境中,是非常古老的植物群体。早在1.7亿年前,这几种植物就已经出现在地球上了,现在已经分布到了全球各地。

苔藓通常都很矮小,一般不超过10厘米。但苔藓生长速度快,吸水能力强,往往能把沼泽地里的积水吸干,其死后的遗体又能填平低地,并且不断地向沼泽中心扩展,再不断引导着草本植物和木本植物到此安家。可以说，是苔藓经过日积月累的开拓，才为大地织好了"绿衣"。

古人很早就开始利用苔藓堵墙缝、隔热、做被褥，有的还用它来做装饰、疗伤等。到了现代，人们会人工栽培苔藓，装饰公园、庭院等。

地衣是由两大类的低等生物——真菌和藻类结合的共生复合体。这两种生物长期紧密地联合在一起，无论从形态上、构造上、生理上还是遗传上都形成了一个单独的、固定的有机体，是自然发展的结果。

地衣一般生长在石墙、树皮、岩石、土壤等各种环境里，它们比较适应干燥、寒冷的环境。

地衣对生态环境有着重要作用，它们可以固定氮，有助于维持土壤的肥力。同时，地衣也可以吸收有害气体，起到净化空气的作用。

地衣可以用作高山和极地兽类的饲料。特别是在寒带地区，在漫长的冬季，驯鹿就以地衣作为主要饲料。

地衣大多为喜光植物，对空气质量有较高的要求。因此，在人烟稠密的城市里，特别是空气污浊或受污染的工厂附近，基本看不到它的踪迹。

地衣附着于岩石的表面，并分泌地衣酸。这种酸对岩石有一定的腐蚀性，会使岩石表面逐渐破碎，再加上自然界的风化作用，岩石会慢慢地变成土壤，为以后高等植物的生长创造了条件。

蓝藻早在20亿年前就出现在地球上，在地球生命演化的过程中具有重要地位。它能适应各种不同的自然条件，包括咸水、淡水、土壤，甚至于硅岩。蓝藻还是一种优质的蛋白质来源，其蛋白质含量比牛肉高6倍左右，并且脂肪含量极低。

在水质污染治理方面，蓝藻能够吸收水中过量的氮磷等元素，提高水环境的质量。在土地治理方面，蓝藻可以为土壤提供一些营养物质，促进植物生长，提高土壤质量。

蓝藻生长繁殖速度快，若无有效控制和管理，容易对环境造成负面影响，例如水体富营养化和蓝藻水华。此外，蓝藻存在一定的毒性，人们在摄入蓝藻类食品时需要谨慎，不可过量食用。

蓝藻作为一种具有广泛应用价值的原生生物，其在食品、饲料、化妆品、医药以及环境保护等领域均有着广泛的应用前景。

58 开疆拓土

- 消除挑战
- 趣味猜谜
- 历史典故
- 成语之最

微信扫码

59 舞态生风

【释义】态：姿态。跳舞时的姿态像风那样飘逸。形容舞姿极轻盈。

【出处】明·冯梦龙《东周列国志》："歌声遏云，舞态生风，一进一退，光华夺目，如游天上睹仙姬，非复人间思想所及。"

【近义】翩翩起舞

科普知识

植物各有特点，这些特点让我们知道了植物世界的多样性，现在我们要讲一个有趣的植物，它叫跳舞草。

跳舞草属蝶形花科直立小灌木，高 1.5 米左右。跳舞草的叶为三出复叶，顶生小叶呈长椭圆形或披针形，茎侧亦生小叶。跳舞草是一种有名的观赏性植物，在气温不低于 22 ℃ 时，尤其是在阳光下，当跳舞草受到声波刺激时，会随之连续不断地上下摆动，犹如飞行中轻舞双翅的蝴蝶，又似舞台上轻舒玉臂的少女,随音乐而舞。它因此得名。

引起人们兴趣的所谓舞蹈,是指它的一对侧小叶能进行明显的转动,或做360°的大回环,或上下摆动。

同一植株上各小叶在运动时虽然有快有慢,但颇具节奏。时而两片小叶同时向上合拢,然后又慢慢地分开平展,似蝴蝶在轻舞双翅;时而一片向上,另一片朝下。有时许多小叶还同时起舞,此起彼落。

正是有了这些爱跳舞的小叶子,跳舞草才有了这么一个与众不同的名字。

这些小叶子跳舞是受什么影响的呢?它们对阳光非常敏感,在阳光照射下,有优美规则的声波传来时,它们就会明显地转动起来,时而上下摆动,时而调皮地转个圆圈,就像一个舞蹈家一样。它们的韵律感很强,还非常勤快,往往会从太阳东升跳到夕阳西下。但是,当"音乐"杂乱无章又十分吵闹时,跳舞草的小叶就会"罢舞"了。

但它为什么会跳舞,专家的说法不一。

有的科学家认为,跳舞草为了保存体内的水分不被太阳灼伤,当它受到阳光照射时,两片侧生小叶就会不停地舞动,扇动空气,降低温度,躲避阳光的照射,从而减少水分蒸发。

也有科学家认为,跳舞草舞动的真正目的是使伤害它的昆虫等动物感到害怕，从而避而远之，起到自卫作用。

还有的科学家认为，跳舞草体内存在电流，当电流的强度和方向发生变化时就会引起它的舞动现象。

中科院植物研究所提出了一种新观点，他们在研究跳舞草时发现：跳舞草是对一定频率和强度的声波具有感应性的植物，跳舞草侧生小叶的叶柄处的细胞里有一种海绵体，这种海绵体对中低频率的声音有共振作用。所以当跳舞草生活的环境中有一定频率和强度的声波时，其叶子就会随着声波的变化而舞动。

但究竟哪种说法正确，目前还没有结论。达尔文在《植物运动的动力》一书中就写道："没有人知道跳舞草的侧叶运动对植物来说有什么用。"跳舞草为什么要做这样的运动，有待于进一步探索和研究。

跳舞草还非常适合于制作盆景，其枝干可塑性强，适宜扎攀、扭曲、剪栽、露根等。

59 舞态生风

203

60 大树底下好乘凉

【释义】 比喻在有权有势的人的庇护下，自己能得到好处。

【出处】 元·无名氏《刘弘嫁婢》："便好道这大树底下好乘凉。一日不识羞，十日不忍饿，把这羞脸揣在怀里，我还过去。"

科普知识

炎热的夏天，如果想去室外找处凉爽的地方，估计许多人会找一棵大树，然后坐下来，这是为什么呢？

常言道，大树底下好乘凉，所以在夏天，你常会看到有人在树下乘凉。你可能会认为"大树底下好乘凉"是叶子的功劳，你一定不会去找一棵光秃秃的、只有树干而没有叶子的树去乘凉吧。

这是有一些道理的，因为树叶有遮阳、散热和蒸腾作用。大树的树冠可以将阳光遮挡住一部分，形成一片阴凉的地方；同时大树也会通过树叶的蒸腾作用将热量散发出去，一定程度上降低周围的温度。这使得大树底下的环境温度相比其他地方要低一些，所以能使人感到凉爽。

还有，我们知道大树有着较为庞大的树冠和根系，它们可以吸收大量的水分和养分，这就使得大树底下的土壤相对比较湿润，能够在一定程度上降低地面温度。

叶子遮挡了阳光，大树下会凉爽，这是叶子的功劳。

大树的蒸腾作用能让大树四周凉快不少。在炎热的夏季，不仅人和动物会感到热，植物也会感到热。特别是在阳光强烈、温度较高时，叶子里的水分很容易通过蒸腾作用被蒸发出去。水分一旦被蒸发出去，大树周围的空气湿度就会上升，如果再吹上一阵风，湿润的空气迎面而来，那个感觉可比阳光下暴晒舒服多了。

为什么有了水蒸气，周围环境就能变得凉爽宜人了呢？你可以做一个小实验，在自己的手背上洒一点凉水，然后吹几口气试试，是不是感觉到很凉快呢？这是因为水分在蒸发时，可以带走一部分热量。

现在，在夏季去山里避暑是不少人的选择，其主要原因是山里有大量的树木。你想想，如果千百棵大树的叶子一起蒸腾，周围的水蒸气会有多少。这个时候，每一片树叶就相当于一个小小的空调，空调开工了，蒸发掉植物身上的水分，将我们周围的温度降低，与此同时，光合作用还能产生出大量新鲜的氧气，身处在这种环境之下，怎么能不舒服呢？

我们一直说"大树底下好乘凉"，但树下到底能凉快多少呢？

有人做过试验，发现香樟、雪松、水杉、悬铃木等行道树的"制冷"效果极佳。香樟树，枝繁叶茂、树冠很大，就像一把大伞，能把不宽的路面遮了个严严实实，让灼热的阳光无缝可钻。

试验得出的结论是，把温度计放到树荫下，5分钟后，室外温度为40 ℃，而树荫下的温度为35 ℃。

国内某科研机构曾在气温超过35 ℃的环境下，对100个居住区内的绿地进行过监测，在与空白水泥地对照后发现，绿地对边缘1米外的水泥地路面降温效果可达到2 ℃左右，其中高大乔木平均能降温2.8 ℃，小乔木降温2 ℃，灌木为1.4 ℃。

由此可以看出，不同类型的植物，其降温能力也有差异。

60 大树底下好乘凉